この本でいう〝美人〟とは努力家のこと。
きれいになるためにベストを尽くせる人です。
日頃、仕事で会うモデルたちを見ていて思うこと。
それは、何の努力もせずにはきれいでいられないということです。
私もアシスタント時代には人生の最高体重を記録し、
お腹やお尻を隠すチュニックをよく着ていました。
自分が努力を怠った結果とはいえ、着たいのに着られない服があるのは
みじめで辛かったのを覚えています。その経験から、
何よりも大切と痛感したのは、生まれ持った外見を活かしながら、
理想の自分へと近づくための努力。その過程が自信となって
表情にも表れ、女性を美しく見せるのだと思います。
私はそこに、女性としての色気を感じます。

小山田持論まとめ

1／走り回る日こそ、ヒール靴

2／若い時より大人のほうが黒は似合う

3／コンビニへもすっぴんで出かけない

4／デニムはダイエットのバロメーター

5／ゆるい服こそ**下着に気を抜かない**

6／**肌かライン**を出して女っぽく

7／**〝ハズす〟〝抜け〟**はセンスではなく技術

8／**思い出**と一緒に**ブランド物**は買うべき

持論

1 走り回る日こそ、ヒール靴

coat,dress_
TOKYO STYLIST THE ONE EDITION
bag_CÉLINE
shoes_destyle

カロリー消費は1.5倍だし、脚だって鍛えられる。そんな絶好の機会を見逃せますか？

朝起きて、「今日は忙しくなりそう」と思ったら、ヒール靴を選びます。この話をすると「忙しいなら、スニーカーやバレエシューズのほうがラクじゃない？」と返されることが多いのですが、私は〝忙しい日こそきれいを磨く日〟と考えてヒール靴。はくだけでぺたんこ靴より1.5倍のカロリーを消費できるという話を聞いたことがあるし、ふくらはぎの筋肉が鍛えられて美脚にも近づける。バランスだってよく見えるし、気持ちも引き締まる。そんな絶好の機会を見逃すなんて、私にはもったいなくてできません。もちろん、一日ヒールだと足が痛くなるときも……。だから私はバッグにぺたんこ靴を忍ばせておきます。それなら気持ちに余裕が生まれて、頑張れそうでしょ？

COLUMN : 01

走れるヒール靴／バビロン&プールサイド

小山田流　靴のフィッティング方法

1. はく前にインソールのクッション性を確かめる。
2. 甲やかかとのあたりをチェック。かかとは指1本分のゆとりがあるくらいが◎。

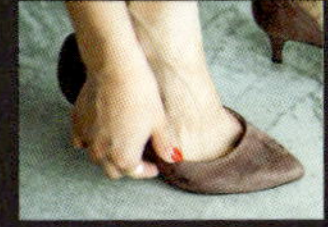
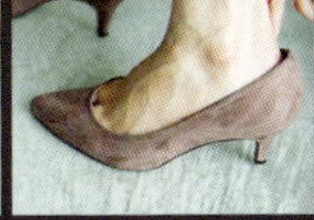

3. 両足はいて最低でも店内を2周して、痛くないか、脱げないかを見極める。

※足の大きさに左右差がある場合は、お店で中敷きを縫いつけてもらってサイズ感を調整します。

運命の靴に出会うためには、日常的に試着するしかありません！

少しでも時間が空いたら、靴屋さんに行ってひたすら試着しています。そして足に合う靴に出会えたら〝運命〟だと思って即購入。それほど、走れるヒール靴に出会える確率って少ないんです。その結果、たどり着いたのがバビロンとプールサイド。バビロンがNASAと共同開発した低反発インソールのはき心地は素晴らしいし、プールサイドは10cm以上の高ヒールでもガツガツ歩けます。自分に合ったヒール靴を見つけるには試着あるのみ！

持論

2 若い時より大人のほうが黒は似合う

黒という色は
年齢を重ね、内面も充実した
大人だから着こなせる

私のワードローブで多いのは圧倒的に黒。その理由は、スタイリストという裏方の仕事をしているから。ベーシックカラーで、何にでも合う使い勝手のいい色と思われがちですが、黒は本当に難しい。黒の分量、素材、シルエット、ひとつひとつしっかり吟味しないと、文字通り、ただの"黒子"になってしまうことも。ただし、難しいからこそ、着こなせれば華やかでおしゃれに見せてくれる色でもあります。特に若い時にいろんな色やテイストに挑戦した結果、自分なりの黒のスタイルを身につけた大人が着ると、本当に洗練して見える色だな、というのが最近の実感です。年齢を重ね、内面も充実した大人のほうが黒がしっくりと似合うのはそのためではないでしょうか。

jacket_HELMUT LANG
t-shirt_TOKYO STYLIST THE ONE EDITION
skirt_MOUSSY
glasses_JINS
bag_Deuxième Classe
shoes_NIKE

OYAMADA'S RULE

休日はど・カジュアルな黒アイテムで遊ぶ

白を挟むと軽さと奥行きが出ます

自由度が高い休日。柔らかなスウェット、ざらっとしたデニム、艶やかなレザー、素材の違う黒のレイヤードを楽しんで。

hoodie_AMERICANA　shirt_J.CREW
skirt_EDWIN　cap_Rouge vif la clé
bag_Casselini　shoes_GALLARDAGALANTE

Tシャツと黒スキニーデニムの超カジュアルアイテムを、さらりと大人にまとめるロングカーデがポイント。

cardigan_agnès b.　t-shirt_HYKE
pants_ Acne Studios
bag_ Deuxième Classe　shoes_NIKE

OYAMADA'S RULE

デートは柔らかな黒スカートで上品に

＼モノトーンコーデがボーダーで立体的に／

風に揺れるシフォンのスカートが優しげ。カーデとグレーのタンクを重ねて、黒に奥行きを出すとこなれて見えます。

cardigan_TOKYO STYLIST THE ONE EDITION
tank top_Gap　skirt_martinique
shoes_BEAUTY&YOUTH UNITED ARROWS
bag_CHANEL

黒は男性がよく着る色なので、素材で女性らしさを出して。透け感のある黒なら繊細な印象を後押ししてくれます。

tops,skirt_TOKYO STYLIST THE ONE EDITION
cardigan_UNIVERSAL LANGUAGE　bag_CÉLINE
shoes_Repetto

※私物を掲載しておりますため、ショップリストに記載のないブランドに対するお問い合わせはご遠慮ください。

COLUMN : 02

小物を黒で統一するという発想

bag_BALENCIAGA
hat_MOUSSY
glasses_Ray-Ban
watch_Daniel Wellington
tassel shoes_Clarks
loafer_Clarks
cap_agnès b.

jacket_TOPSHOP
t-shirt_TOKYO STYLIST THE ONE EDITION
pants_J BRAND

まずは小物から、意識的に黒を使うことがおしゃれを極める第一歩

合わせやすいから何となく使っている人が多い黒という色。おしゃれの基礎力を上げる方法のひとつとして、小物をあえて黒で統一したスタイリングに挑戦することをおすすめします。濃い色なので、異素材を組み合わせたり、金具のポイントがあるかなど、細部までこだわって選ばないと沈んで見えることも。意識的に黒を使うことで、レディな黒とハンサムな黒の使い分けや質感の違いを把握できるようになり、黒の上手な使い方が身につきます。

OYAMADA'S RULE

オフィスで着る黒は甘さゼロでいい

コートの中を
黒で締めてスタイルUP

オフィスコーデに取り入れたいメンズライクなヘリンボーン。タイトスカートで女っぽさを足して調和を図って。

coat_UNIQLO　tops_無印良品
skirt_ENFÖLD　bag_FURLA
shoes_ GALLARDAGALANTE

仕事モードの日は黒のトレンチを主役に、コントラスト高めのモノトーンコーデで潔く。ゴールドをアクセントに。

coat_MACKINTOSH PHILOSOPHY　shirt_Frank&Eileen
pants_BLACK by moussy
bag_Saint Laurent　shoes_POOL SIDE

dress_TOKYO STYLIST
THE ONE EDITION
glasses_Ray-Ban
bag_CÉLINE

OYAMADA'S RULE

パーティにはブラックドレスと赤リップだけ

ブラックドレスは肌見せをして女らしく華やかに

黒のワンピースは形や素材違いで10着ほど持っています。いろいろな色やアイテムを試したけれど、シンプルに、ブラックドレスに赤リップをつけるのが、いちばん上品で華やかだと気づきました。

持論

3 コンビニへもすっぴんで出かけない

すっぴんのときに出会った人にとっては、化粧をしていない自分が第一印象になる

アシスタント時代のこと。忙しくて寝不足だったこともあり、化粧をしないで家を出ようとしたら、「あなたには人をきれいにする仕事をする資格がない」と母に言われました。それ以来、すっぴんで外出したことは一度もありません。自分をきれいにできない人間が、人をきれいにするスタイリストという仕事をできるわけがない、という母の言葉は当然のものですよね。それに、すっぴんで出かけたら、そのときに素敵な出会いがあっても、化粧をしていない私が第一印象になってしまう。仕事であれ、プライベートであれ、ベストとは言えない状態で人に会って、よい方向に作用することはないなと思っています。

tops_IÉNA
pants_TOKYO STYLIST THE ONE EDITION
watch_ete

肌をキレイに整えておくことが究極の時短メイク

外出するときは化粧をするのが私のルール。とはいえメイクにそれほど時間を割くことはできません。だから、つねに肌を整えておく。これが究極の時短メイクです。夜、お風呂を出たらすぐに化粧水導入液、オールインワンの化粧水、セラミドクリーム、アイクリームをON。万が一、肌が荒れたらオロナイン。これが私のベストなスキンケア。時間やお金をかけなくても、日々の積み重ねできれいは保てるんです。

赤か白グラデに決めているので、ネイルサロンはこだわりません

自分が一番よく目にする手元は、いつも手入れされていたほうが気分がいいもの。根元が伸びたりはがれたりしたらすぐに直したいので、そのときに予約が取れる近場のサロンを探して駆け込みます。ネイルは極めてシンプルな、女っぽい赤の一色塗りか白グラデ、と決めているので、どのサロンに行っても基本的に失敗はないんです。

持論

4 デニムはダイエットのバロメーター

むくみや体重の増加を、瞬時に実感させてくれるタイトなデニム

ラクなほうに逃げれば、体はどんどん緩んでいきます。だから、私の基本のボトムはスキニーデニム。タイトなボトムをはいていると、体型を引き締めてくれますし、少しでも太ったら瞬時にわかるんです。どんな服よりもサイズが細かく設定されているのがデニム。自分のベストサイズを把握しておいて、それがきつくなったら危険信号。ぜひダイエットのバロメーターにしてみてください。

knit_allureville
denim_rag & bone
glasses_Ray-Ban
bag_LONGCHAMP
shoes_New Balance

スキニーが似合うように、加圧ジム通い

スキニーデニムは脚のラインがダイレクトに出るので勇気がいりますよね。私は学生時代にバスケットで鍛えられた、筋肉質な脚がコンプレックスでした。スキニーが似合うようになりたくて、オイルマッサージを根気よく続け、ヒールをはき、リースの合間を縫って加圧トレーニングに通っています。

リース前に早朝からプールへ

服をきれいに着るためには、脚を鍛えることはもちろん、全身のシルエットを整えておくことも大切。水泳は脚や腰に負担をかけず全身運動ができるし、他のスポーツよりも筋肉がつきにくいんです。なかなか早めの時間に仕事が終わることがないので、仕事が始まる前にプールに行くように心がけています。

食べ過ぎた翌日はいまじめにスキニーをはきます

友人と食事をするときは、我慢せずに楽しみます。体は正直なので、翌日にその結果が現れるもの。食べたことを後悔はしませんが、放置することもありません。ちょっときついスキニーデニムをはいて、心と体に活を入れます。

shirt,denim_TOKYO STYLIST THE ONE EDITION

OYAMADA'S RULE

「デニムにウエストーIN」にはベルトが味方

shirt_Spick & Span
denim_ TOKYO STYLIST THE ONE EDITION
bag_LOUIS VUITTON
hat_vintage
belt_J.CREW

体型がわかる究極のコーデ。これができたら怖いものなし

お肉がはみ出していたり、お尻がパツパツだとできない「ウエストIN」。ハードルは高いですが、体を鍛える目標にもなりますし、できると自信になります。ウエストINをサポートしてくれるのが、ベルト。気になる腰まわりの"のっぺり感"を払拭してくれます。

OYAMADA'S TECHNIQUE

ウエストINがきまる着こなしテク

ブラウジングでこなれ見え

ウエストINの仕方

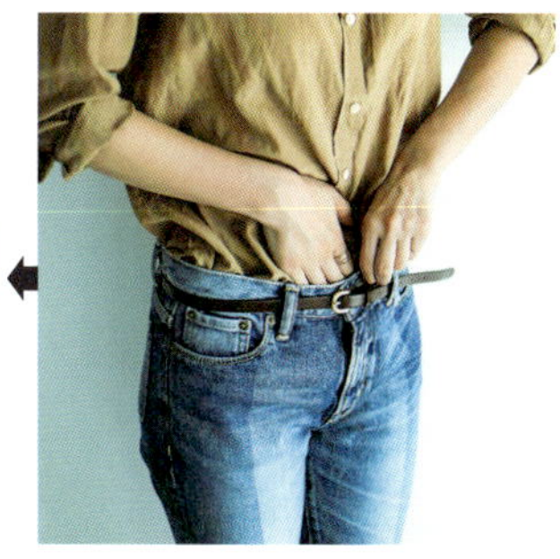

❶ まずはシャツの裾をデニムの中にぴったりとしまい込む。

❷ 裾をつまんで少し前に引っ張り、全体をほどよくブラウジングする。

ハンサムに仕上げたいなら

太ベルト

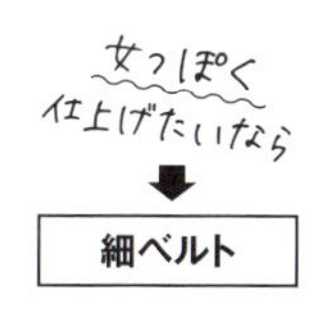

女っぽく仕上げたいなら

細ベルト

足元で抜けを出すのも大切！

ロールアップ

Before

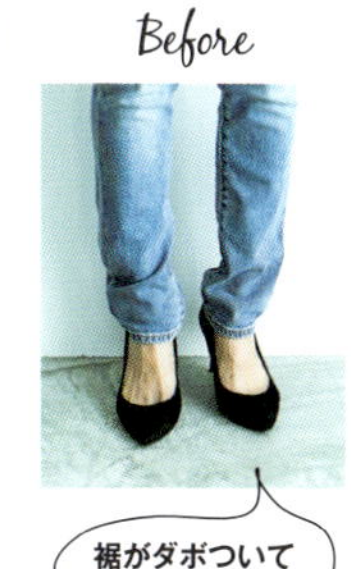

裾がダボついてやぼったい？

❶ 親指の第一関節分くらいの幅で折り返す。さらにもう一度同じ幅で折り返す。

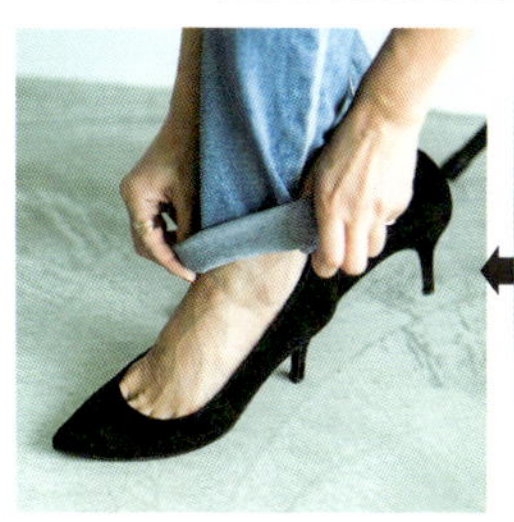

❷ 次は裾の外側が高めの位置に来るよう、やや斜めにラフに折り返して。

After

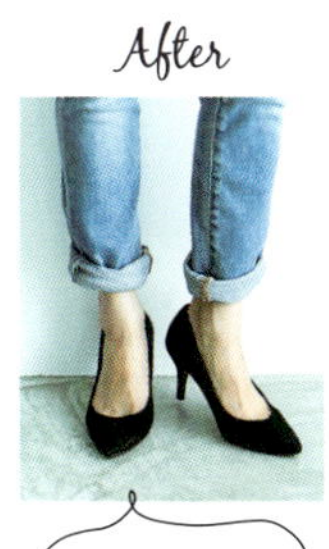

足首を出してすっきりさせよう

OYAMADA'S RULE

美脚に見えるデニムと靴の組み合わせがある

（例1）

スキニーデニム × ヒール靴

細身デニムのすっきり感を後押しするなら、太ヒールではなく、華奢なヒール靴。確実にスタイルアップが狙えます。

t-shirt_ Gap
denim_Acne Studios
cap_MERCURYDUO
bag_J.CREW
shoes_BABYLONE

（例2）

ストレートデニム × スニーカー

ゆとりあるストレートデニムはスニーカーでリラックスムード。コンバースはかかとを踏んで肌見せするのが小山田流。

blouse_TOKYO STYLIST
THE ONE EDITION
denim_MOUSSY
bag_Ralph Lauren
shoes_CONVERSE

（例3）

ワイドデニム × おじ靴

ボリュームのあるワイドデニムは、甲深めのおじ靴と好相性。ぺたんこ靴ともバランスが取りやすいのがいいところ。

jacket_UNIVERSAL LANGUAGE
knit_無印良品
denim_GU
bag_FIORELLI
shoes_Luca Grossi

お金をかけるべきはデニム

denim_TOKYO STYLIST THE ONE EDITION

技術力と心がこもったデニムの値段があがるのは当然のこと

大学時代に、日本のデニム発祥の地・岡山県倉敷市の児島でデニムのデザイナーとして働いていたことがあります。厳しくて真面目な職人さんが、伝統工芸の藍染めの技術を駆使した児島ジーンズは、まさに世界に誇るべき産物です。若い頃に一流のデニムに触れた経験から思うのは、デニムの良し悪しは値段と比例するということ。安くても素敵なデニムはありますし、それを否定するつもりはありませんが、手の込んだ加工と技術と心のこもったデニムが高いのは当然のことです。日本の素晴らしい技術を日常で纏えるのもデニムならでは。好きな加工感や風合いからデニムを選ぶのも楽しいと思いますよ。

持論

5 ゆるい服こそ下着に気を抜かない

ゆるボトムのときは補整下着がマスト。気を抜くと確実に垂れます

ワイドパンツやガウチョのような、ゆるシルエットの服を、ラクするためのアイテムだと思っていませんか？　シルエットがゆるいからと気を抜いていると確実に体も緩んでいきます。それに、実はゆるボトムほど、お尻の位置やラインが重要なんです。だから私は、ゆるボトムをはく日は補整下着をきちんと着用。お尻も胸と同様、補整しないとどんどん垂れていくので、毎日のちょっとしたケアが大切です。

knit_UNIQLO
pants_TOKYO STYLIST THE ONE EDITION
bag_MICHAEL MICHAEL KORS
shoes_New Balance

カップつきキャミは絶対に着ません

服をベストな状態で着たいので、着る服に合わせた下着選びをしています。コンパクトなトップスを着るときも、ゆるっとしたチュニックを着るときも、必ずブラをします。カップつきのキャミソールは補整効果が低く、体が緩んでしまうので、ラクちんでも危険です！

下着は月に2〜3枚買い替えます

後々困ってエステで大金を使うより、早いうちから、自分の体に合った下着をつけておくほうが長い目で見たらコスパがいいですよね。なので下着は古くなって補整効果が低くなる前に買い替えますし、20代半ばから夜ブラも使っています。捨てどきに迷う方におすすめなのは、古い下着は旅先で着て、そのまま捨ててくる方法です。

持論

6 肌かラインを出して女っぽく

女性らしさを最大限に生かしたおしゃれが私の信条

せっかく女性に生まれたのだから、それを最大限に生かしたおしゃれをする。これが私の信条です。うなじや鎖骨を見せるブラウスや体のラインが出るニットなど、女性らしさをさり気なく主張できる服は着ていて気分もアガりますし、大人のファッションの醍醐味です。ただし、下品にならないように、肌見せの分量やアイテム選びはよく考えましょう。

knit_ Deuxième Classe
camisole_HANRO
pants_Massimo Dutti
bag_CHARLES & KEITH

OYAMADA'S RULE

肌見せなら、ラインが隠れるゆるトップスで

（例1） 休日 ➡ Vネックゆるニット

鎖骨を出しつつ、カジュアルに仕上げるなら、Vネックの地厚なゆるニットをデニムと合わせた、甘さ控えめなコーデがオススメ。

knit_UNITED ARROWS　denim_TOKYO STYLIST THE ONE EDITION　cap_ agnès b.

（例2） 通勤 ➡ 抜き衿ゆるシャツ

デコルテとうなじの両方を見せる抜き衿シャツ。かっちりとした雰囲気のシャツでの肌見せは、そのギャップも高ポイント。

shirt,pants_TOKYO STYLIST THE ONE EDITION　glasses_JINS

OYAMADA'S RULE

体のラインを出すなら、首詰まりトップスで

ラインを出したうえに肌まで出すと下品

デイリーに着る服で、体のラインを強調したうえに肌まで見せると品がよくありません。だからピタッとしたトップスを着るなら、首が詰まったデザインや、袖のあるものに。ボトムもスキニーやミニではなく、ミディ丈スカートやガウチョを合わせます。露出を控えることで、目立たせたいラインが際立つんです。

knit_Ameri VINTAGE
pants,shoes_ZARA
glasses_Ray-Ban
bag_KARA

OYAMADA'S TECHNIQUE

ボディラインを出す自信がない人を救う**＋αテク**

ウエストが太い

サッシュベルト＋ロングカーデ

サッシュベルトをするとウエストがきゅっと引き締まって見えます。加えて締め色のカーデでウエスト回りを隠せば、太さをカモフラージュできるので◎。

cardigan_G.V.G.V.　belt_Free's Mart

肩幅が広い

カーデを肩掛け

トップスと色や柄の違うカーディガンを肩掛けすると、横幅が分断され、錯覚で肩幅が目立たなくなります。カーデの肩掛けテクはP55をチェックして。

cardigan_UNIVERSAL LANGUAGE

持論

7 〝ハズす〟〝抜け〟はセンスではなく技術

〝ハズす〟も〝抜け〟もテクニック。誰にだってできることなんです

ファッション誌に書いてある〝ハズす〟や〝抜け〟という言葉が、どういうことかちゃんと理解している人は少ないのではないでしょうか。このふたつはセンスではなくテクニックのこと。ロジックがわかれば、誰にでもできることなんです。たとえば、Tシャツ×デニムのカジュアルなコーデなのに、あえてテイストの違う、きちんとジャケットを合わせて意外性を出す。それが〝ハズす〟ということ。たとえば、ダークトーンのコーディネートに明るい白のバッグを合わせて軽快さを加える。それが〝抜け〟です。このふたつができれば、おしゃれの基礎力はぐんとあがりますよ。

jacket_DRAWER
t-shirt_American Eagle Outfitters
denim_AG Jeans
cap_Urban Outfitters
bag_MUVEIL

OYAMADA'S RULE

ハズす＝意外性を出すこと

（例1）

きれいめコーデ

＋

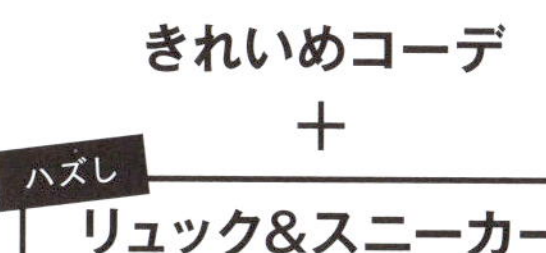

ハズし

リュック&スニーカー

きちんと見えな黒ワンピ。ヒールやレザーバッグではなく、カジュアル小物を合わせることでハズしの効果が。

gilet,dress_TOKYO
STYLIST THE ONE EDITION
bag_MARC BY MARC JACOBS
glasses_JINS
shoes_NIKE

（例2）

カジュアルコーデ

＋

ハズし

タイトスカート

ブルゾンのカジュアルコーデ。デニムを合わせそうになるところを、あえてすっきりと女っぽいタイトスカートに。

blouson_ZARA
t-shirt,skirt_TOKYO
STYLIST THE ONE EDITION
bag_CARVEN
shoes_Le Talon

OYAMADA'S RULE

抜け＝軽やかさを加えること

[肌見せ] で軽やかに！

抜けが必要になるのは、重く見えがちなダークトーンが主役のスタイリングのとき。抜けを作る方法のひとつとして、肌見せがあります。肌を出すことで、色のメリハリがつくとともに、全身のダークカラーが割合として減るので、軽やかに見えるというわけです。

shirt_LAGUNAMOON　denim_TOKYO STYLIST THE ONE EDITION　bag_CHANEL

※私物を掲載しておりますため、ショップリストに記載のないブランドに対するお問い合わせはご遠慮ください。

［白・淡色］で軽やかに！

たとえば、写真右のように黒をメインにしたコーデは、ストイックでかっこいいですが、どこか息苦しさを感じませんか？　トップスを黒からモノトーンのボーダーに替えて少しだけ白を加えることで、重苦しさがなくなり、軽快さが生まれます。

coat_qualite
tops_Deuxième Classe
pants_EDITION
bag_CÉLINE
shoes_CARRANO

持論

8 思い出と一緒にブランド物は買うべき

ブランド物はネットで買わない主義です

デイリーなコーディネートを上品に格上げしてくれるブランドのレザーバッグは、私にとって欠かせないアイテムです。ただし、流行に任せて買うことはありませんし、少しでも安く買いたいからと、ネットで買うこともありません。たとえば、シャネルのチェーンバッグ。ココ・シャネルには伝記を読んで感銘を受けていました。なので、シャネルの精神が感じられるバッグは、スタイリストを目指したときから、いつか絶対手にしたいと思っていました。それもパリのカンボン通りにある本店で。念願叶って買ったバッグは、私に自信を与えてくれました。孫の代まで受け継げるよう大切に使いたいと思っています。

what　シャネルのチェーンバッグ

where　パリのシャネル本店

when　スタイリストとして独り立ちした記念に

➡シャネルの本店前で記念撮影(笑)

※私物を掲載しておりますため、ショップリストに記載のないブランドに対するお問い合わせはご遠慮ください。

what クロエのトート

where ロンドン

when 卒業旅行で

memory

自分にはまだ早いと思い、学生時代はブランド物は何も持っていませんでした。卒業旅行のときには、すでにスタイリストアシスタントを始めていて、ファッションの道を進むうえで、何か支えが欲しいと買ったのがこのバッグ。いざ買うときはドキドキして、国際電話で母に相談したほど（笑）。今でもたまに持って初心を思い出しています。

what ルブタンのパンプス

where ニューヨーク五番街

when 山本美月さんとの二人旅

memory

スタイリストとして独立して少し経ったとき、ともに頑張っていたモデルの山本美月さんとふたり旅へ。その旅で揃って買ったのがルブタンのパンプス。嬉しさのあまり、その夜観劇に行くときに早速はいたのを覚えています。フォルムの美しい靴は、見ているだけでも満たされますし、どこか私にとってお守りのような存在でもあります。

what セリーヌのバッグ

where 表参道の路面店

when 初めて表紙を担当した記念

memory

初めて見たときに、私のスタイルに必要なバッグと感じたのがセリーヌのラゲージ。素材や色使い、大きさもさまざまで、それぞれちょっとずつしか作られていません。これだ！と思えるものが見つかるまで、何ヵ月間も通って出会ったのがこれ。頻繁にお店に行っていたので、スタッフの方に顔と名前を覚えられてしまいました（笑）。

SAORI OYAMADA

Chapter 2

ユニクロ
無印良品
ZARA
GAP
GU
H&M

高い服より
〝身の丈に合った服〟

「おしゃれ基礎力はコスパブランドの服で磨かれます」

私はシーズンごとに、ワードローブのベースとなる服をコスパブランドでひと通り揃えています。その際、トレンド服より先にベーシックで合わせやすいデザインの服を買い替えます。〝ベーシック〟なのになぜ？と思うかもしれませんが、私にとってトレンドは〝おかず〟、ベーシックは〝ごはん〟的な存在だから。実は、ベーシック服も流行に合わせてシルエットや素材が微妙に変化しているんです。だからいくらトレンドを取り入れても、合わせるベーシック服が古いままだと野暮ったく映ることも。おしゃれの基礎力を上げたいなら、まずは思い切ってベーシック服をアップデートすることが最重要。それから初めてそのシーズンの流行と向き合います。そう考える私にとって、なかなか更新しにくい高い服ではなく、買いやすくて今っぽさを上手に反映させたコスパブランドが、まさに〝身の丈に合った服〟なんです。

おしゃれ基礎力を上げるコスパブランドの服

01: ボーダーカットソー

どんなコーデもおしゃれに見せる万能選手

仕事でコーディネートを組むときは、極力ボーダーは使いません。絶対にボーダーが必要と思える数体だけ。というのも、ボーダーは本当に万能で、どんなテイストでもおしゃれに見せてくれるから（頼りすぎるとスタイリングの腕が鈍ってしまいそうなほど！）。ひと口にボーダーといっても、サイズ感や柄のピッチ、素材で印象はかなり違ってきます。たとえば、上のGapのカットソーは、メンズのSサイズをチュニック風に着用。細身のデニムと合わせて、ビッグサイズ感を強調しました。ゆとりのあるサイズを着ると、手首や首元など華奢な部分が強調されて、メンズアイテムなのに女っぽさが際立つのが魅力です。

ITEM#01

BORDER CUT AND SEWN

GU

万人が即、トレンド感を取り入れられるGUの一枚

首の詰まり具合やほどよくゆとりのあるサイズ感で、万人が着やすいのがGUのボーダーカットソー。肩が落ちたデザインだから、シンプルなワンツーコーデも、こなれ感が出ます。カジュアルなボーダーTをシルエットから女っぽく仕上げる、コーデュロイのロングタイトスカートと合わせて。足元はレースアップ靴で華奢さを出すのがポイントです。

tops_GU　skirt_Gap　hat_La Maison de Lyllis
glasses_Ray-Ban　bag_MARC BY MARC JACOBS　shoes_piche Abahouse

着回し例

アースカラー配色に抜けを加えて

ブルゾンのインナーとしても使えるボーダーは一年を通して大活躍。カーキやボルドーなど秋色を合わせれば、落ち着いた雰囲気に。

tops_GU
MA-1_ZARA
skirt_ADAM ET ROPÉ
glasses_Ray-Ban
bag_Ralph Lauren
shoes_TRETORN

着回し例

モノトーン×赤でフレンチシックに

ボーダーの王道コーデ、モノトーンなフレンチシック。ワイドパンツと抜けを演出するサンダルで、今っぽく更新。

tops_GU
cardigan_TOKYO STYLIST
THE ONE EDITION
pants_EDITION
bag_CHANEL
shoes_BEAUTY&YOUTH
UNITED ARROWS

※私物を掲載しておりますため、ショップリストに記載のないブランドに対するお問い合わせはご遠慮ください。

ITEM#01
/
BORDER CUT AND SEWN

ユニクロ

2枚目に欲しいカラーボーダーは台形ミニでヘルシーさを演出

色バリエが豊富で、トレンド感のあるものが揃っているユニクロでは、2枚目に欲しいカラーボーダーをチョイス。台形ミニを合わせたヘルシーなコーデは、子供っぽくならないよう、脚がきれいに見えるヒールを合わせて。カジュアルな雰囲気なので、ヒールは華奢なものよりチャンキーが合うんです。

tops_UNIQLO　skirt_H&M　cap_Abercrombie & Fitch
watch_ete　bag_Casselini　shoes_WASHINGTON

着回し例
ボーダーの配色でまとめると簡単

少し難易度が高めのカラーボーダーは、その配色と同じ色のアイテムを合わせると失敗しません。デニムと一緒なら、無敵の可愛さ。

tops_UNIQLO
coat_sophila
denim_Gap
bag_FIORELLI
shoes_New Balance

着回し例
プリーツスカートで女のコカジュアルに

ボーダーとジージャンは相思相愛。プリーツスカートを合わせてフェミニンにコーデしたら、コンバースを合わせて、抜け感を出して。

tops_UNIQLO
jacket_TOKYO STYLIST THE ONE EDITION
skirt_AMIW
bag_MUVEIL
shoes_CONVERSE

ITEM#01
/
BORDER CUT AND SEWN

無印良品

ジャケットに合わせるなら女性らしい質感のボーダーを

コンパクトなサイズ感で女性らしい雰囲気のボーダーが欲しいなら無印良品。素材が柔らかくて体に優しくフィットするので、インナーとしても着やすいんです。衿ぐりもほどよく開いているので、テーラードジャケットとの相性もバッチリ。ストイックなモノトーンコーデに軽やかさが加わります。

tops_無印良品　jacket_H&M　pants_J BRAND　watch_MICHAEL KORS
bag_FURLA　shoes_ BEAUTY&YOUTH UNITED ARROWS

着回し例

タイトスカートの力を借りて大人に

着回し例

ラフな小物で甘さを引き算

女性らしいシルエットを作るハイウエストのタイトスカート。ヌーディ色のパンプスも加われば、カジュアルなボーダーもきれいめに。

tops_無印良品
skirt_EDITION
glasses_JINS
bag_DOUBLE STANDARD CLOTHING
shoes_ BABYLONE

フレアースカートを合わせたフェミニンなコーデ。あえてラフなサンダルや夏素材のバッグを足して、甘さ控えめに仕上げました。

tops_無印良品
skirt_EDITION
bag_GALLARDAGALANTE
sandals_BIRKENSTOCK

おしゃれ基礎力を上げるコスパブランドの服

02: シャツ

シャツはサイズ選びと着崩し方が重要

シャツはどう着たいかによって選ぶサイズを変えます。ヘルシーに着たいなら、体が泳ぐオーバーサイズ。女っぽく着るならジャストサイズを。実は一枚でオールマイティに着られるアイテムではありません。そして、着方も重要。ただ着ただけでおしゃれに見えることは、ほぼないと思ってください。衿の開き方、袖のまくり方、ボトムにINしたときのブラウジング具合など、シャツは着崩すことでおしゃれになるんです。色展開の豊富なH&Mで見つけたカーキのシャツは、少しシワ感のあるカジュアルな一枚なので、ボタンを開けて、袖をまくって思い切って肌見せ。ボトムもニュアンスカラーにして大人な配色にしました。

OYAMADA'S TECHNIQUE

こなれて見えるシャツの着こなしテク

抜き衿

❶ 衿をつまんでぐっと後ろに引き、形を整える。

❷ ベストの位置に来るよう衿を押さえつつ、もう片方の手で下に引く。

❸ 引っ張った部分のブラウジング具合を整える。

袖のロールアップ

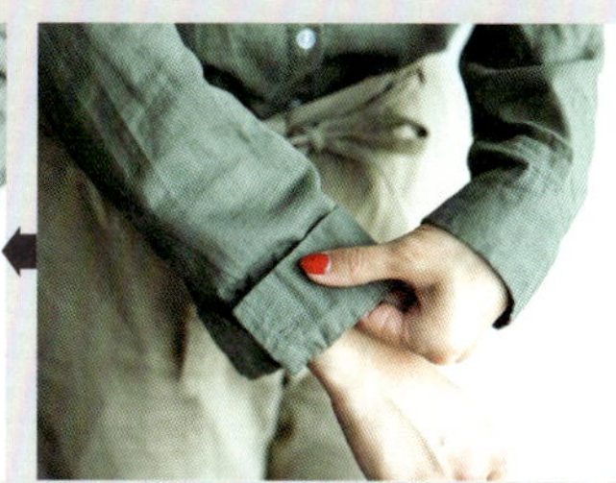

❶ カフスのボタンを外し、カフスの幅で折り返す。

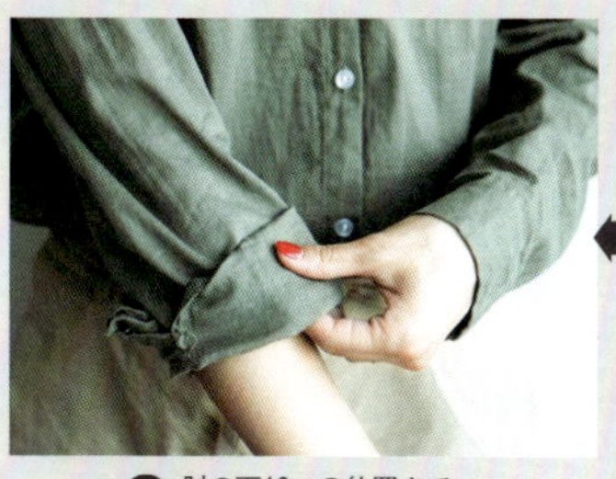

❷ 肘の下10㎝の位置まで、❶を繰り返す。

❸ カフスの半分の幅で斜めになるように折り返す。

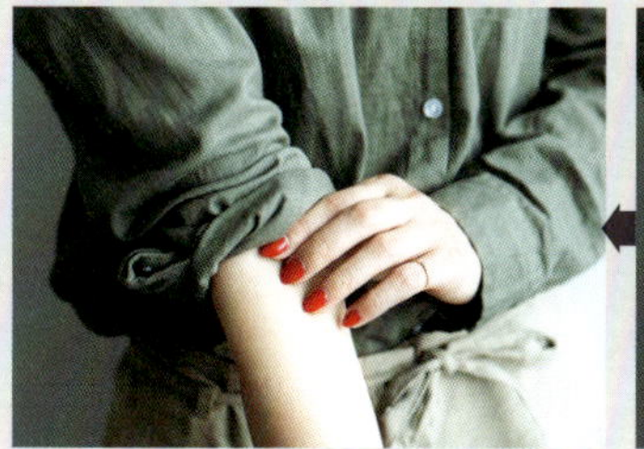

❹ 袖を肘上までくしゅっとなるよう押し上げる。

ITEM#02
/
SHIRT

無印良品

正統派なボタンダウンシャツは
クラッシュデニムでハズして

これこそベーシックと言える無印良品のボタンダウンシャツ。漂白したかのような真っ白でもなく、生成りのような黄みもなく、絶妙な白。こんな正統派なシャツは、紺ブレとデニムを合わせてプレッピーに着たくなります。ハズしでデニムはクラッシュにすると、新鮮味が加わるのでオススメ。

shirt_無印良品　jacket_UNIVERSAL LANGUAGE
denim_TOKYO STYLIST THE ONE EDITION　bag_CÉLINE　shoes_BABYLONE

着回し例

夏はTシャツの
上から羽織って

カジュアルなロゴTの羽織りに、コットンシャツの素材感は打ってつけ。ラフに着るからこそ、小物は少しかっちりとさせるのがキモ。

shirt_無印良品
t-shirt_agnès b.
skirt_H&M
watch_MICHAEL KORS
bag_BALENCIAGA
shoes_Le Talon

着回し例

小さめの衿は
重ね着にぴったり

シャツの上にスウェットを重ねたボーイズライクなコーデ。ボトムは真逆な女っぽいロングのプリーツスカートでMIXカジュアルに。

shirt_無印良品
sweatshirt_TOKYO STYLIST THE ONE EDITION
skirt_TOPSHOP
bag_CHARLES & KEITH
shoes_KURT GEIGER

ITEM#02
/
SHIRT

ユニクロ

大人っぽく着崩したい
"とろみシャツ"ならユニクロ

素材感やシルエットの良し悪しが出るとろみシャツなら、断然ユニクロ。肌触りもよく、上品な質感で本当にコスパがいい一枚です。ライトグレーのエレガントな雰囲気を生かして、ボトムはセンタープレスのパンツを。パールで大人っぽさを加速させつつ、最後にスニーカーで軽快なバランスにまとめます。

shirt_UNIQLO pants_ZARA hat_The Dayz tokyo
bag_MICHAEL MICHAEL KORS shoes_NIKE

着回し例
シャツを挟んで
コーデを立体的に

着回し例
グレーのグラデで
カジュアルを上品に

白T×黒アウターでキリッとまとめてもいいけれど、グレーのシャツを間に挟むことで、コーデが立体的になり、柔らかさが生まれます。

shirt_UNIQLO
t-shirt_TOKYO STYLIST THE ONE EDITION
coat_Spick&Span
denim_DIESEL bag_MARNI
shoes_destyle

チャコールグレーのワンピとライトグレーのシャツで上品なグラデに。落ち感がきれいなシャツは、さらりと羽織るのにも便利です。

shirt_UNIQLO
dress_TOKYO STYLIST THE ONE EDITION
bag_LONGCHAMP
shoes_New Balance

おしゃれ基礎力を上げるコスパブランドの服

03: ワイドパンツ

苦手意識を捨てて、ぜひはいてほしい一本

パンツをすすめるとしたら、絶対にワイドパンツ、と決めていました。というのも、雑誌やTVの取材を通じて、ワイドパンツに苦手意識を持っている人が予想以上に多いとわかったからです。背が小さい方ならハイウエストタイプを選べば、簡単にスタイルアップできますし、ゆとりのあるシルエットなので、脚のコンプレックスを隠すことも造作なし。着こなしのコツは、次のページからお伝えするとして、まずは挑戦しやすいコスパブランドで、ワイドパンツを手にしてみてください。きっとワードローブのスタメンになってくれるはず。

ITEM#03
/
WIDE PANTS

H&M

とろみジャケットを合わせて
ハンサムな通勤コーデに

とろみ素材の"きちんと見え"なワイドパンツですが、実は嬉しいウエストゴム。素材感が似たジャケットを合わせれば、キリッとしつつも女らしさの残るコーデに。白×ピンクですが、落ち着いた色合いなので、甘さも控えめです。今回は、あえて締め色や差し色は使わずに、優しい雰囲気を際立たせました。

pants_H&M jacket_ZARA t-shirt_sophila
bag_LONGCHAMP shoes_titivate

着回し例

異なる質感を
重ねてメリハリを

とろみ素材のパンツをカジュアルに着るなら、トップスの素材感が大切。ジージャンとシワ感のあるシャツで、質感にメリハリを出して。

pants_H&M
jacket_TOKYO STYLIST THE ONE EDITION
shirt_Frank & Eileen
bag_MICHAEL MICHAEL KORS
shoes_BABYLONE

着回し例

オーバーサイズ
ニットで休日はゆるく

オーバーサイズのニットを合わせた、上下ともにゆるっとした組み合わせ。ストールを巻いたり、ハットを足して、目線を上げるのが◎。

pants_H&M
knit_UNITED ARROWS
hat_vintage
stole_UNIQLO
bag_MICHAEL MICHAEL KORS
shoes_ New Balance

ITEM#03
/
WIDE PANTS

ZARA

上品なセンタープレスパンツは
コンサバでも着崩しても◎

センタープレス、ウエストマークベルト、クリーミーな白。どこをとっても優秀なきちんと見えワイドパンツは着こなしの幅が広く、持っていて損のない一本です。たとえば、ツインニットを合わせた、王道のコンサバスタイル。柔らかな白はどんな色も受け止めるので、トップスの色にも迷いません。

pants_ZARA　knit,cardigan_TOKYO STYLIST THE ONE EDITION
watch_ete　bag_ LONGCHAMP　shoes_titivate

着回し例

パーカスタイルを
ワイドパンツで大人に

ワイドパンツはパーカやTシャツをリッチカジュアルに仕上げる立て役者。白グレーのモノトーンも相まって、大人の抜け感コーデに。

pants_ZARA
hoodie_DIESEL
t-shirt_JAMES PERSE
bag_MICHAEL
MICHAEL KORS
shoes_New Balance

着回し例

ツイードコートで
クラシックな印象に

地厚なパンツは冬場もOK。引き立て合う紺のツイードコートと白パンツで知的にまとめて。かっちりしすぎないよう足元はスニーカーに。

pants_ZARA
coat_GREED
INTERNATIONAL
knit_無印良品
bag_CÉLINE
shoes_CONVERSE

ITEM#03
/
WIDE PANTS

GAP

一年中使えるワイドデニムは きれいめアイテム合わせがコツ

デニム素材のワイドパンツが一本あると、季節ごとの着こなしが楽しめてお得。初秋ならブラウンのリブニットと合わせて、こっくりとしたカラーリングに。デニムは素材自体がカジュアルなので、シルエットや素材がきれいめなものを選び、パンプスやレザーバッグなど、きちんと見えアイテムを合わせて。

denim_Gap　tops_UNIQLO　scarf_Hermès
cap_MERCURYDUO　bag_Ralph Lauren　shoes_ BABYLONE

着回し例

ツインニットで
上品レディに

ネイビーの濃淡を楽しむニット×デニムパンツ。デニムがあることで、かっちりしすぎず、余裕を感じる上品なコーデに仕上がります。

denim_Gap
knit,cardigan_ J.CREW
bag_CARVEN
scarf_manipuri
shoes_BABYLONE

着回し例

夏は爽やかな
白ブラウスが相棒

白ブラウス×デニムは最も取り入れやすいコーデのひとつ。オフショルダーで肌見せすることで、ワイドパンツの重さを払拭できます。

denim_Gap
tops_N.Natural
Beauty Basic
hat_SLY
shoes_BIRKENSTOCK
bag_タイのお土産

knit_無印良品
pants_martinique
watch_Vivienne Westwood
bag_CÉLINE

おしゃれ基礎力を上げるコスパブランドの服

04: ニット

ヘビロテするものだから、きれいな状態で着たい

夏が終わり、少し肌寒くなったら、白・黒・ネイビーのニットを揃えるのが私の恒例行事です。ほどよくコンパクトなシルエットが美しく、素材もいい無印良品のニットは必ずチェックします。最初はニット一枚で、そのうちジャケットやコートのインナーとして。ワンピースと重ねて着ることも。高い頻度で登場するアイテムなので、きれいな状態で着たいもの。だから私は、少しでもくたびれてきたら、惜しまずサヨナラできるように、高級ブランドではなく、コスパブランドで買っています。もちろん、着るたびにブラッシングや洗濯はしますが、それでもニットは一生ものというわけにはいかないのが現実ですから。

OYAMADA'S TECHNIQUE

着こなしの幅が広がるカーデテク

ディレクター巻き

ボタンを上からふたつ留めて肩から掛け、袖を手前でひと結び。顔まわりの華やかなアクセントになります。

腰巻き

上ふたつのボタンを留めてからウエストに巻く方法。メリハリがついて、スタイルアップ効果も期待できます。

肩掛け

袖を通さずにカーデを肩に掛けるだけ。袖をロールアップするとこなれ見えして、エレガントで女っぽい雰囲気に。

cardigan_Gap
dress_TOKYO STYLIST THE ONE EDITION
bag_J.CREW
shoes_Clarks

ITEM#04
/
KNIT

ZARA

デザイン性が高く美シルエットで着心地もいいZARAのニット

着心地のいいニットが揃うZARA。今回はつかず離れずなシルエットのハイゲージニットを選びましたが、バリエも多く、絶妙にトレンド感があるものに出会えます。風合いのあるニットならではの、カーキのワンカラーコーデは、明るめのグレー小物を足すことで、メリハリもつき、抜け感も演出できます。

knit_ZARA skirt_AMIW stole_ロンドンで購入
bag_MICHAEL MICHAEL KORS shoes_New Balance

着回し例

黒ライダースで
辛めにまとめて

カーキ×黒は大好きな配色のひとつ。辛口すぎないようフード付きのライダースと合わせました。小物も黒で潔いかっこよさを演出。

knit_ZARA
jacket_HELMUT LANG
denim_GU
bag_Saint Laurent
shoes_destyle

着回し例

チェック柄パンツで
洗練通勤コーデ

プレーンなニットは合わせるボトムで印象も変化。きちんと感のあるパンツを合わせるだけで、大人っぽい通勤コーデに仕上がります。

knit_ZARA
pants_UNIQLO
glasses_Ray-Ban
bag_FURLA
shoes_BABYLONE

ITEM#04
/
KNIT

ユニクロ

美シルエットのドルマンスリーブで女らしさをひとさじ加えて

素材が優秀なユニクロなら肌触りも◎。高価なカシミアを毛玉だらけになるまで着古すより、毎年ユニクロで新品のニットを買うほうが清潔感があって素敵です。このドルマンニットはハイゲージなので、二の腕をカバーしつつもボリューム抑えめで、美シルエット。ラフなデニムコーデが女っぽくなります。

knit_UNIQLO　denim_rag & bone　stole_vintage
bag_MARNI　shoes_CONVERSE

着回し例

チェック柄シャツをインナーで締めて

着回し例

タンクトップとレイヤードして

ハイゲージのニットなら、Tシャツ代わりにシャツのインナーにしてもOK。ボトムはメンズライクになりすぎないようミニスカートに。

knit_UNIQLO
shirt_Shinzone
skirt_ZARA
bag_FENDI
shoes_CONVERSE

大きく開いたニットは重ね着も楽しい。サファリカラーでまとめたコーディネートには、グレーのタンクでほどよく奥行きを出して。

knit_UNIQLO
tank top_FOREVER 21
pants_martinique
bag_CÉLINE
shoes_BABYLONE

skirt_GU
knit_J.CREW
hat_LAGUNAMOON

おしゃれ基礎力を上げるコスパブランドの服

05: スカート

流行感が強く回転の速いスカートは賢く揃えて

正直なところ、私自身のコーディネートにスカートが登場する機会はあまり多くありません。着るとしても、タイトスカートかミニ。だからこそお仕事でスタイリングするのが楽しいアイテムでもあります。パンツよりも色や丈感などシーズンごとのトレンドが色濃く反映されるアイテムなので、コスパブランドで探すのが賢い方法だと思っています。そして、スカートこそ足元のコーディネートが大切。丈によっても、シルエットによっても、そして素材によっても、似合う靴やタイツ、ソックスはちょっとずつ違ってきますし、逆に足元を変えることで、さまざまに着こなせるのもスカートの面白いところですね。

OYAMADA'S TECHNIQUE

シーズン別・スカートの足元テク

秋冬Ver.

**あえてのこっくり3色
MIXで遊びをプラス**

ネイビータイツなら、赤、カーキともケンカしません。

skirt_Gap
tights_SATIO
shoes_BABYLONE

**グレーグラデで
抜けを出して**

カラースカートには、黒よりもグレーが優しくマッチ。

skirt_UNIQLO
tights_17℃ by Blondoll
shoes_Acne Studios

**同色ソックスで
ショートブーツ風**

足元がすっきり、悪目立ちしないショートブーツ風。

skirt_UNIQLO
socks_無印良品
shoes_Le Talon

**カラーソックス×
スニーカーで休日ムード**

すっきり白でまとめるよりもスカートが引き立ちます。

shoes_CONVERSE

**ストラップサンダルで
レディな印象を後押し**

華奢なストラップサンダルで、王道フェミニンに。

shoes_BEAUTY&YOUTH UNITED ARROWS

**スポサンで
ラフな雰囲気に**

繊細なプリーツにスポサンで、意外性を演出して。

shoes_BIRKENSTOCK

ITEM#05

/

SKIRT

ユニクロ

辛口派も着たくなる
極細プリーツスカート

ごく細かいプリーツのスカートは、甘い服が苦手な人も着やすい一枚。しかも黒なら、なおさら。シンプルなブラウンのニットに辛口なアニマル柄小物で、甘さをほとんど感じさせないスタイリングに。黒と茶はどちらもベースとなる色で、一緒に使う人が少ないですが、実はとっても相性がいいんですよ。

skirt_UNIQLO　knit_ZARA　glasses_Ray-Ban
stole_Acne Studios　bag_UNIQLO　shoes_GALLARDAGALANTE

着回し例

ギンガムチェックで
フレンチカジュアル

ギンガムチェック柄を取り入れたモノトーンコーデ。リュックやスニーカーなど、小物をカジュアルにすることで、新鮮な雰囲気に。

skirt_UNIQLO
shirt_無印良品
bag_ KARA
shoes_TRETORN

着回し例

ロングジレで
Iライン効果倍増

ロングスカート自体にも縦長に見せる効果がありますが、ロングジレを合わせることで、さらに後押し。足元がぺたんこでも問題なし。

skirt_UNIQLO
gilet_ADAM ET ROPÉ
knit_Deuxième Classe
bag_CHARLES & KEITH
shoes_New Balance

ITEM#05
/
SKIRT

H&M

甘すぎない着こなしで
パステルスカートを洗練させて

すでに持っている人も多い、パステルカラーのロングプリーツスカート。可愛いだけじゃない着こなし方を身につければ、アイテムの寿命を延ばすことができます。たとえば、甘さを引き締める黒とのコンビネーション。たとえば、小物で女っぽさを足してみる。少しのさじ加減で印象は変わるものなんです。

skirt_H&M　ensemble_TOKYO STYLIST THE ONE EDITION
hat_SLY　bag_ MUVEIL　shoes_piche Abahouse

着回し例

グレーシャツで
大人に格上げして

パステルブルーと相性のいいグレーを合わせて大人っぽく。シャイニーなサンダルやサングラスなどエッジィな小物を効かせて。

skirt_H&M
shirt_emmi
bag_CHANEL
shoes_Clarks

着回し例

ジージャンで
カジュアルダウン

ジージャンやスニーカー、Tシャツでぐっとラフな雰囲気にシフト。涼しげなブルー系でまとめて、甘さを抑えて。

skirt_H&M
jacket_ TOKYO STYLIST THE ONE EDITION
t-shirt_American Eagle Outfitters
bag_GALLARDAGALANTE
shoes_New Balance

※私物を掲載しておりますため、ショップリストに記載のないブランドに対するお問い合わせはご遠慮ください。

おしゃれ基礎力を上げるコスパブランドの服

06: トレンチコート

コスパブランドの強みを実感するトレンチコート

トレンチコートはベーシックなアイテムと言われますが、シーズンによって使えるトレンチは違ってきます。また、アウターは一番上に羽織るものなので、印象にも強く残ります。だからこそ、トレンドに敏感でいたいもの。数十万もする高価なトレンチも素敵ですが、手頃な価格で手にできるコスパブランドでデザインや色のバリエを揃えたほうがおしゃれでいられる、と私は思っています。ZARAには流行のチェック柄を取り入れた一枚がありましたし、H&Mでは人気のロングワンピに合わせやすいとろみトレンチを見つけました。今の空気感や流行を外さず取り入れているのも、コスパブランドの強みなんですよね。

ITEM#06

TRENCH COAT

GAP

厚手の生地がGapらしい一枚。秋はシックなマリンテイストで

しっかりと地厚な素材が質のよさを感じさせます。明るいネイビーのトレンチはカジュアルなコーディネートにもよく合いますし、きれいめコーデのハズしにも活躍してくれます。落ち着いた赤のロングプリーツスカートと、小物の白を合わせて、秋らしい色合いのマリンテイストに仕上げました。

coat_Gap　knit_無印良品　skirt_& Other Stories
watch_ete　bag_LONGCHAMP　shoes_CONVERSE

着回し例

パンツ合わせは
小物で女っぽく

膝上丈のトレンチなら、パンツとの相性も抜群。マニッシュになりすぎないように、チェーンバッグやパンプスで女っぽさをプラスして。

coat_Gap
tops_UNIQLO
pants_TOKYO STYLIST THE ONE EDITION
bag_CHANEL
shoes_titivate

着回し例

デニムと合わせて
メンズライクに

明るいネイビーのトレンチだからこそ、オフ白ニットとデニムのリラックス感溢れる雰囲気にマッチ。袖はロールアップして軽快に。

coat,knit,denim
_Gap
bag_CÉLINE
shoes_New Balance

※私物を掲載しておりますため、ショップリストに記載のないブランドに対するお問い合わせはご遠慮ください。

ITEM#06

TRENCH COAT

H&M

軽くてストレスフリーな、ボタンレスとろみトレンチ

とろみ素材でボタンレスなトレンチコートは、もっとも気軽に羽織れるアウターのひとつ。柔らかくて軽いので、着るときも手持ちするときも、ストレスになりません。カラートレンチに挑戦するなら、まずはコスパブランドで探すのがオススメ。ロング丈の服ともバランスが取りやすい膝下丈なのもポイント。

coat_H&M　dress_AMBIENT　bag_GALLARDAGALANTE
shoes_Casselini

着回し例

メンズ風アイテムを
小物でレディに

ヘリンボーンのパンツやハットを合わせた"おじさんコーデ"。ハマりすぎないように、白バッグや華奢なパンプスで甘さもひとさじ。

coat_H&M
knit_BLACK by moussy
pants_NINE
bag_LONGCHAMP
shoes_BABYLONE

着回し例

カーキ×白で
大人の女を意識

優しげなバニラホワイトのスタイリングと合わせて、シルエットも色合いも大人っぽいコーデに。ゴールドが効いた小物で華やぎを。

coat_H&M
tops_UNITED ARROWS
skirt_The Dayz tokyo
bag_LOUIS VUITTON
shoes_BABYLONE

ITEM#06
/
TRENCH COAT

GU

フェミニンな着こなしにも
定番にもハマる艶感トレンチ

赤みのあるベージュは、定番コーデの鮮度を高め、フェミニンな着こなしにも自然になじむ、使える一枚。高見えする光沢感のある生地だから、さらりと羽織ってもサマになります。レンガ色のパンツと合わせて、華やかなワントーンに。意外と難しい黄み系のベージュよりも、使い勝手がいいと思います。

coat_GU　tops_韓国で購入　pants_UNIQLO
bag_LOUIS VUITTON　shoes_BABYLONE

着回し例

黒と合わせて
女っぽくシックに

黒トップス×黒プリーツスカートの落ちついたコーデにトレンチをON。シンプルながらもシックで印象的なコーデが完成します。

coat,tops_GU
skirt_UNIQLO
bag_GUCCI
shoes_Le Talon

着回し例

シャツ＆デニムで
ヘルシー仕上げ

デニムやシャツとの王道コーデ。スカーフで赤を差せば、華やかさが加わります。パンプスにすれば通勤にも◎。

coat_GU
shirt_Deuxième Classe
denim_TOKYO STYLIST
THE ONE EDITION
bag_ MICHAEL
MICHAEL KORS
shoes_New Balance

絶対安っぽく見えないコツは **色使い** にあった！

コスパブランドで「高見え」配色ルール

配色ルール

1

ワントーンコーデは トーンの幅を広くする

「グレーやベージュのワントーンは、色の幅が狭いとただの地味な人に。濃淡の色の幅を持たせることで華やかなワントーンになります。」

配色ルール

2

ダークトーンのコーデは ロゴや柄を効かせると のっぺりしない

「ダークトーンは、柄やロゴでリズムをつけないと、キレのあるかっこよさを表現したいはずが、重苦しいコーデになるので注意が必要。」

配色ルール

3

シルバーやゴールドを アクセントにすると コーデに立体感が生まれる

「アクセや小物の金具できらりと光るシルバーやゴールドを足すことで立体感が生まれます。淡色、濃色、どちらのコーデにも共通です。」

NG

なんだか のっぺり？

絶対に失敗しない ワントーンコーデの POINT

（例1）

小物で白と黒を足して トーンの幅を広げて

グレーだけだとのっぺりしがち。服を替えなくても小物でより明るい白、より暗い黒を加えて幅を出せば立体的に。

coat_Luftrobe　pants_Rouge vif la clé
knit_allureville　bag_LONGCHAMP
shoes_New Balance

（例2）

柄小物をポイントに 白ニットで奥行きを

グレーのトップスを白ニットに替えることで、コーデにメリハリが生まれます。また柄を入れるとリズムが出ます。

knit_UNIQLO　bag_MICHAEL MICHAEL KORS
shoes_PACO POVEDA　stole_ロンドンで購入

コスパブランドでできる！

高見え配色01

カフェラテ配色

ブラウンのバッグはシナモンパウダーの役割

カフェラテ配色のバランスは、その名の通り、スタバのドリンクを見て発想を得ています。こちらはカプチーノ。カプチーノは泡たっぷりなので、ノースリーブニットやスニーカーで白を多めに、バッグやサングラスなど小物で足したブラウンはさっと振られたシナモンパウダーで、コーデのスパイスに。配色やコーディネートのヒントは至るところに潜んでいます。そう思うと、街を歩くときも、食事中も、映画を見ても、新しい発見があって毎日が刺激的なんです。

knit_agnès b.　skirt_UNIQLO　bangle_UNIVERSAL LANGUAGE
bag_LOUIS VUITTON　shoes_CONVERSE

繊細なベージュ〜茶のグラデーションで立体感を

黄みが強いベージュのパンツを使ったコーデは、しっかりとコーヒー濃いめのカフェラテがお手本。黄みのあるベージュは、トーンが明るいサンドベージュと合わせると、クールなワントーンコーデになります。より色の濃い茶を、キャミソールやパンプスで少量プラスすることで、コーディネートが引き締まってスッキリ見えるんです。バッグはニットとパンツの中間的な色合いのものにして、繊細なグラデーションに仕上げるのがポイント。

knit_H&M camisole_ELIN pants_Gap glasses_JINS
bag_Ralph Lauren scarf_Mila Owen shoes_BABYLONE

コスパブランドでできる！

高見え配色02

グレーワントーン

少量の白を加えることが失敗しないコツ

どんな色とも合わせやすい万能なグレー。そんな〝サブカラー〟のグレーを主役にしたワントーンは、成功すれば洗練されて見えますが、一歩間違うと単に地味な人に！　失敗しないコツは、ほんの少量の白を加えること。このコーディネートの場合、ストールと羽織りに使用された杢グレーのほんのり白が、抜けと華やかさを演出してくれます。その一方で、着こなしの引き締め役にチャコールグレーを使えば、トーンの幅が広がりメリハリが生まれます。

coat_Gap　tops,pants,stole_UNIQLO
bag_MICHAEL MICHAEL KORS　shoes_CORSO ROMA

リブニットなど素材感のあるアイテムも必須

グレーを始めワントーンコーデを作るときは、配色のバランスも重要ですが、素材感があるアイテムを組み合わせることも意識しましょう。たとえば、リブニットのスカート。表面に凹凸があるので、ロングスカートで取り入れる分量が多くても、のっぺりして見えません。ライトグレーと同感覚で使うことができるシルバーをプラスすることもポイントです。グレーのワントーンコーデの印象を崩さずに、スタイリングのアクセントになってくれます。

shirt_UNIQLO　t-shirt_T by Alexander Wang　skirt_Gap　hat_Maison Michel
watch_PAUL HEWITT　bag_CHANEL　shoes_KURT GEIGER

※私物を掲載しておりますため、ショップリストに記載のないブランドに対するお問い合わせはご遠慮ください。

コスパブランドでできる！

高見え配色03 黒×カーキ

クールで誰でもおしゃれに見える黒×カーキ

黒×カーキは、私にとって、きっと永遠に好きな配色だろうなと確信しています。黒もカーキもどちらもメンズっぽくてとてもクールな色。ハンサムなコーデが好きな人は、潔くカーキと黒を等分で使う、甘さゼロのコーデがオススメです。かっこよく決まり、誰でもおしゃれに見せてくれます。重い色同士なので、抜けになるロゴアイテムを投入するのがポイント。もしロゴがなければ、柄アイテムをプラスしてあげると、着こなしに軽やかさが生まれます。

coat_TOKYO STYLIST THE ONE EDITION　t-shirt,pants_Gap
bag_KARA　shoes_Clarks

ブラウン寄りのカーキがビギナー向き

少しフェミニンさを加えたいときは、たとえばロングタイトスカートでカーキを取り入れてみるのはどうでしょう。その際ブラウン寄りのカーキを選ぶと、ミリタリー感が抑えられてトライしやすくなります。なじみのあるモノトーンボーダーと一緒に着るのもいいかもしれません。カーキの小物は、黒×カーキのコーディネートだけでなく、他の配色に加えても着こなしの鮮度を上げてくれるので、見つけたらぜひ手に取ってほしいアイテムのひとつです。

jacket,tops_UNIQLO　skirt_Jines　cap_MOUSSY
bag_HUNTING WORLD　shoes_CONVERSE

スタイリストならではの意外な活用法を教えます

コスパブランド Q&A

Q1. 小山田さんがお店で絶対にチェックするアイテムは?

A. メンズのトップス!
オーバーサイズで可愛く着られます

コスパブランドのお店に行ったら、レディースはもちろんのこと、メンズ、ときにはキッズまでくまなくチェックします。中でもメンズアイテムは、ドロップショルダーのようになり、ゆるっと着られるのでオススメです。私の場合、ボトムはスキニーデニム、スカートならミニが多いので、トップスは大きめサイズだとバランスが◎。ただし、試着はマストです！

サイズ早見表

メンズ	レディース
XS	M
S	L
M	XL

※ブランドによってサイズのバラつきがあります。

GAP のメンズは

➡ **パーカ&スウェット**を狙え!

デニムにルーツを持つブランドだけあって、デニムと相性抜群のパーカやスウェットのデザインが秀逸なGap。メンズのほうが使い勝手のいいシンプルデザインが多いし、辛口な色が見つかります。

hoodie_Gap
skirt_ZARA
bag_Ralph Lauren
socks_無印良品
shoes_CORSO ROMA

➡カットソーを狙え！

着心地がいいものが多い無印良品のカットソー。メンズサイズなら、長め丈でチュニックのように着ることもできます。

tops_無印良品
pants_J BRAND
cap_VISION STREET WEAR
glasses_Ray-Ban
bag_KARA
shoes_POOL SIDE

cardigan_GU
shirt_Deuxième Classe
denim_Gap
glasses_JINS
bag_CÉLINE
shoes_BABYLONE

GU のメンズは
➡カーディガンを狙え！

レディースのジャストサイズよりもラフだけど、ロング丈よりもきちんと感を出せる丈感とシルエットが絶妙。Vネックならジャケットのようにシャツと合わせるときれいめにキマります。

Q2. 二次会やパーティ用の服はどこで探すといいですか？

A. ZARAとH&Mなら、華やかなパーティ服が見つかります

どちらも日常的に着まわしできる服がたくさんありますが、他と決定的に違うのは、パーティで着るような華やかな服が見つかるところ。ZARAはかっこよく決まるモードな服、H&Mは鮮やかな色や柄のアイテムが得意です。

ZARA では

➡高見えモード服とアクセント小物を狙え！

マニッシュに着たい黒のジレやラメ入りのトップスなど、手持ちのアイテムに合わせるだけで、パーティ仕様にシフトしてくれるアイテムが見つかります。華やかなアクセやバッグも充実しています。

H&M では

➡鮮やか色&柄物を狙え！

パーティ会場を華やかに盛りあげられる色や柄物ならH&M。数回しか着られなかったとしても損はない価格帯なので、私はシーズンごとに数着買っています。

Q3. アウターだけはやっぱり高いブランドがいい？

A. 流行デザインのアウターを1年で着倒すのもアリ!

アウターは値段が張るのでいいものを数年に一度買う、という方もいますよね。しかし、アウターにも毎年流行があり、秋冬は羽織るもので印象が変わるのも事実。手頃な旬アウターを１年で着倒す選択肢も悪くないと思います。

ユニクロ では

➡ 質のいい **コーディガン**を狙え!

着倒すつもりで買うトレンドアイテムとはいえ、素材感がモノをいうコーディガンなら、高品質でシルエットもきれいなユニクロで出会える確率が高いです。

ZARA では

➡ 辛口な **レザー調ライダース**を狙え!

女性にも浸透してきたライダース。とはいえ、最初から高価な本物のレザーを買うのは勇気がいりますよね。そんなときはコスパでデザインがおしゃれなZARAで、レザー調のものを買って試してみて。

Q4. 大人は買ってはいけないプチプラアイテムって？

コスパブランドに限ったことではありませんが、ブランドごとに特性がありますし、得意不得意もあると思います。あくまで私の視点ですが、以下の4つはコスパブランドで買うことはあまりおすすめしません。

A1. クロップトパンツ

買ってはいけない理由

万人がはける仕様のゆるめシルエットだから

年齢を問わず、多くの人がはけるように作られているので、特にヒップ〜太もものシルエットがもたついたものが多いかも。

A2. パンプス

買ってはいけない理由

大量生産モノではなく足型に合う靴を探して

自分の体を支える靴のはき心地は健康をも左右するので、木型や中敷きにこだわって買ったほうがいいなと思っています。

A3. 合皮の大きめバッグ

買ってはいけない理由

縫製や素材の良し悪しが顕著に表れるから

流行デザインのミニバッグはアリですが、大きめバッグだと、風合いやフォルムにどうしても安っぽさが出てしまいます。

A4. 華奢アクセ

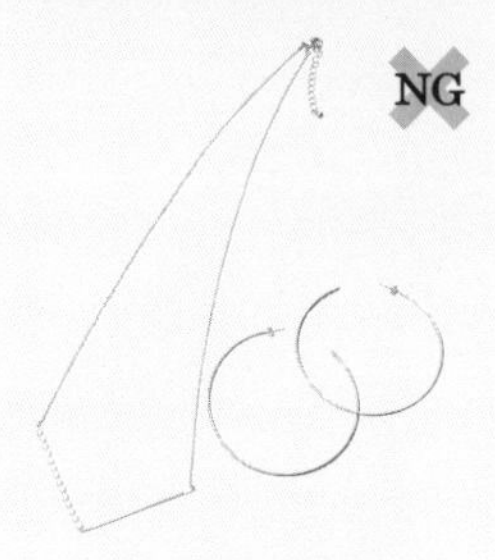

買ってはいけない理由

コーデ格上げには本物の輝きが必要

流行の大きめアクセを買うのはおすすめですが、コーデを格上げする華奢アクセの役割は、金メッキでは果たせません。

Q5. これから注目のコスパブランドってありますか？

A. コスパブランドの〝お姉さん〞ブランドが優秀。海外に行ったときにチェックして

日本未上陸の優秀なコスパブランドはたくさんあります。そんなブランドを発見して買い物をするのも、私にとっては海外旅行の楽しみのひとつ。中でもおすすめはこの3つ。海外旅行へ行く際はぜひ覗いてみてください。

＼ H&Mのお姉さんブランド ／

& Other Stories アンドアザーストーリーズ では

➡ **カラーアイテム**を狙え！

2013年にスタートした比較的新しいブランド。高品質かつ低価格でヨーロッパでは大人気です。アイテムが色ごとに分けてディスプレイされているので、探しやすいし、見ているだけでもワクワクします。

＼ H&Mのお姉さんブランド ／

COS コス では

➡ **シンプル&モードなワンピ**を狙え！

すでに日本にもいくつか店舗はありますが、まだまだ少ないので、海外に行ったときによくチェックしています。ベーシックカラーで構築的なデザインの、モードなアイテムがリーズナブルに購入できます。

＼ ZARAのお姉さんブランド ／

Massimo Dutti マッシモ・ドゥッティ では

➡ **上質ニット**を狙え！

カシミアのニットなど高品質なものがコスパよく揃っています。ベーシックなデザインが多く、色のバリエーションも豊富なので、色違いで買うことも。

SAORI OYAMADA

Chapter 3

着こなしのヒントが詰まった私服SNAP105

なぜ私服を公開するのか。
今回のＳＮＡＰに限らず、ＳＮＳでも私服を紹介させていただいています。
理由はみっつ。ひとつは、誌面では伝えきれない
ファッションのテクニックや楽しさを発信したいから。
そして、自分のスタイリングを客観視するためでもあります。
一覧にして眺めてみると、似合うもの、似合わないものが
明確にわかるので便利です。また、単純に毎日着る服を決めるときに、
直近のコーディネートとかぶっていないかチェックするためでもあったりします。
カジュアルもきれいめも、枠にとらわれず、ただし、ＴＰＯだけは
しっかりと考えて作っているシーズンごとのスタイリング集です。

「私服も客観視して、
似合う・似合わない、
ＴＰＯを考えます」

001

jacket,skirt_TOKYO STYLIST THE ONE EDITION
t-shirt_ZARA
bag_Ralph Lauren
shoes_NIKE

SPRING

03.01 >>> 05.31

トップス一枚やアウター重ねで、幅広く楽しめる

002

tops_AMERICANA
skirt_The Dayz tokyo
cap_ agnès b.
bag_Deuxième Classe
shoes_TRETORN

003

coat,t-shirt_TOKYO STYLIST THE ONE EDITION
pants_Abercrombie & Fitch
bag_KARA
shoes_NIKE

001 ロングスカートをはくときはトップスをコンパクトに。**002** シンプルなコーデはロゴがアクセント。**003** 薄くて軽いアウターは春先に重宝します。

004 ロンドン出張なので、少しパンクに。**005** 黒い服が多いので、アウターはカーキが活躍。**006** 広告代理店との打ち合わせは、上品さを意識。**007** 女らしいコーデはハットでハズして。**008** 春らしさを白小物で演出。**009** オールブラックは、バッグで色を足すだけで表情に変化が。**010** 甘くならないグリーンが好み。**011** ロンシャンのバッグは、カジュアルにもきれいめにも使えます。**012** 抜き衿シャツをクラッシュデニムでカジュアルに。

013 リースの日はきれいめなセットアップが重宝。**014** フライト時はストレッチの利いたワンピ。**015** オールブラックは白が効いたブルゾンで軽快に。**016** ジャケットスタイルは、コットンパンツとサンダルで抜けを演出。**017** 旅にもパジャマを持参。**019** ブルーもワントーンコーデがキマる色。**020** シャツとタイトスカートでミニマルに。

016
jacket_TED BAKER
t-shirt_Rouge vif la clé
pants_Theory
bag_CÉLINE
shoes_BEAUTY&YOUTH UNITED ARROWS

013
set up_UNITED TOKYO
shoes_BABYLONE

015
blouson,dress _MOUSSY
shoes_UNIF

014
dress_ALLSAINTS
cap_Urban Outfitters
bag_COACH
shoes_NIKE

017
pajama_MOUSSY

020
shirt_ZARA
skirt_ENFÖLD
bag_Miu Miu
shoes_Clarks

019
shirt_J.CREW
denim_TOKYO STYLIST THE ONE EDITION
bag_BALENCIAGA

Eau de toilette

018

018 愛用の香水はシャネルのココ マドモワゼル。

023

023 小物を黒で統一してシャープに。

022
coat_TOKYO STYLIST THE ONE EDITION
t-shirt_T by Alexander Wang
pants_JOE'S JEANS
bag_BALENCIAGA
shoes_FABIO RUSCONI

021
shirt,denim_MOUSSY
glasses_Ray-Ban
bag_LOUIS VUITTON
shoes_BABYLONE

026
knit_Shinzone
pants_Abercrombie & Fitch
bag_HUNTING WORLD
shoes_ BEAUTY&YOUTH UNITED ARROWS

025
shirt_titivate
denim_ Acne Studios
glasses_Ray-Ban
bag_Casselini
shoes_BABYLONE

024
coat,tops_TOKYO STYLIST THE ONE EDITION
pants_DIESEL
shoes_FABIO RUSCONI

027
coat_vintage
denim_TOKYO STYLIST THE ONE EDITION
bag_PRADA
shoes_RANDA

021 デニムをシャツとカッチリ小物で大人に仕上げて。**022** 麻のコートでダークトーンコーデに軽やかさをプラス。**024** 花柄を使うときは、全体をスッキリめにまとめます。**025** 淡い色のコーデは黒小物で引き締め。**026** イエローは可愛くなりすぎないように、ブラックスキニーと一緒に。**027** ベージュやキャメルのまろやかな色は春に着たくなるカラーリング。

028

dress_TOKYO STYLIST
THE ONE EDITION
bag_ GALLARDAGALANTE
shoes_Clarks

SUMMER

06.01 >>> 08.31

夏こそゆるくなりすぎないキレのあるコーデに

029

shirt_agnès b.
skirt_ADAM ET ROPÉ
glasses_JINS
bag_タイのお土産

030

dress_H&M
cap_Abercrombie & Fitch
bag_Casselini

028 リゾートでも着たいエスニック調ワンピ。リッチな小物でタウン仕様に。**029** 夏のダークトーンコーデはカゴバッグで軽快に。**030** シンプルだからこそ、小物でパンチを。

031 ロンドンにて。夏にグリーンを差すのも新鮮。**032** 柄のオールインワンで女子会へ。**033** ロゴTはレザーバッグできちんと感をプラス。**034** 辛口配色はタイトシルエットで脱・メンズライク。**035** 首元のスカーフでコーデを〝考えた感〟がUP。**036** オール白は異素材使いで表情豊かに。**037** ヴェネチアでは柄ワンピでリラックス。**038** カラーレースで友人の結婚式に華を添えて。**039** 夜に予定があったので、珍しくミニワンピを着用しました。

041
t-shirt_Brandy Melville
denim_Gap
backpack_DICKIES
shoes_ BIRKENSTOCK

040
gown_H&M
tops_uniqlo
pants_ジャカルタで購入
bag_KARA
shoes_ BIRKENSTOCK

044
tops_MANGO
denim_MOUSSY
glasses_Ray-Ban
hat_FOREVER 21
shoes_Reebok

Swimwear

042

Sandals

043

042 To the seaの水着はひとクセあって◎。**043** 夏はジュート素材のサンダルで抜けを。

046
swim wear_Victoria's secret
denim_JOE'S JEANS
cap_Abercrombie & Fitch

045
t-shirt_TOKYO STYLIST
THE ONE EDITION
skirt_ZARA
hat_FOREVER 21
bag_ KARA
watch_Daniel Wellington

040 ジャカルタ出張。シャツワンピをアウターのように羽織って。**041** 白T×デニムは、Vネックで女っぽく。**044** 思いっきりクラッシュしたデニムはレーストップスとのMIXコーデに。**045** 辛口な黒×カーキは、明るめのカーキを選んで、少し甘さを加えて。**046** 水着も基本的に黒。コスパブランドで探すことが多いです。

047 FENDIのレセプションパーティには、バッグを引き立てるベージュのセットアップで。**048** 花柄を着るときは小物も黒。**049** パーティでのオールブラックは、肌見せで華やかに。**050** ラフに夏素材バッグを合わせて。**051** ロゴTをあえてデニムにINしてバランスUP。**052** 真夏はマキシスカートのゆるさがマッチ。

049
dress_TOKYO STYLIST THE ONE EDITION
glasses_Ray-Ban
bag_CHARLES & KEITH
shoes_BEAUTY & YOUTH UNITED ARROWS

047
set up_AVIE
bag_FENDI
shoes_FABIO RUSCONI

048
dress_MOUSSY
bag_COACH
shoes_Clarks

050
all_MOUSSY

051
t-shirt_Levi's
denim_MOUSSY
bag_COACH

052
all_MOUSSY

AUTUMN

09.01 >>> 11.30

ニュアンスカラーで季節の深まりを表現

053 ざっくりニットの質感で無地コーデを立体的に。**054** ほっこりしがちなニットワンピはハットやかっちりバッグで引き締め。**055** パーカとコートを重ねて奥行きを。

056 NYでの買い物スタイル。**057** ブルゾンをワイドパンツできれいめに。**058** グレーのワントーンコーデはヒールで女っぽさを加速。**059** カシュクールワンピは小物使いで地味見え回避。**060** ゆるずるコーデはレースアップ靴で抜けを。**061** トラッドな紺ブレはカットオフデニムで着崩して。**062** 刺しゅうスタジャンは×デニムでかっこよく。**063** ユニクロの展示会で珍しくキャラものにひと目惚れ。**064** カーキには淡めのデニムがマッチします。

065 062と同じスタジャンを着回して、ロングタイトできれいめに。**066** ショートヘア×ハットがトレードマーク。**067** トレンチとパーカのレイヤードも秋の定番。**068** 黒コーデに淡めのデニムで軽さを。**069** 遊び心あるブルゾンはモノトーンだから意外に使いやすい。**072** 鮮やかなブルースカートを黒で引き立てて。**073** フライトスタイルはラクちんスニーカーが基本。

065
blouson_ALLSAINTS
t-shirt,skirt_TOKYO STYLIST THE ONE EDITION
bag_KARA
shoes_FABIO RUSCONI

066
hat_vintage
tops_AMERICANA

067
coat_LOUNIE
hoodie_DIESEL
denim_Acne Studios
bag_COACH
shoes_NIKE

068
coat_Spick & Span
tops_BLACK by moussy
denim_AG Jeans
bag_Saint Laurent
shoes_WASHINGTON

069
all_MOUSSY

073
coat_Rouge vif la clé
set up_LUREM
cap_Urban Outfitters
bag_Ralph Lauren
shoes_NIKE

072
tops_COS
skirt_& Other Stories
bag_COACH
shoes_POOL SIDE

Gold accessories

070 **071**

070 eteのイニシャルネックレスを愛用。**071** ダニエル・ウェリントンの時計をポイント使い。

076
jacket_Abercrombie & Fitch
t-shirt_TOKYO STYLIST
THE ONE EDITION
denim_Acne Studios
bag_BALENCIAGA
shoes_POOL SIDE

075
jacket_TOPSHOP
tops_ZARA
pants_J BRAND
bag_FURLA
shoes_Clarks

Striking t-shirt

074

074 遊びが効いたアニエスベーのTシャツ。

078
jacket_theory luxe
jumpsuit_Urban Outfitters
shoes_ FABIO RUSCONI

077
shirt_Shinzone
skirt_TOKYO STYLIST
THE ONE EDITION
bag_FURLA
shoes_piche Abahouse

080
tops_Spick & Span
pants_NINE
hat_EDITION
bag_CÉLINE

079
coat_UNITED TOKYO
shirt_JOURNAL STANDARD
denim_JOE'S JEANS
bag_CÉLINE
shoes_TOPSHOP

075 きれいめテーラードジャケットで打ち合わせへ。**076** アウターをロールアップして手首に抜けを。**077** "真面目"なチェック柄シャツはスリットスカートでセクシーに。**078** オールインワンもジャケットを羽織ればパーティ仕様に。**079** カーキとベージュの優しげ配色。**080** ボルドーレースをワイドパンツでハズして。

WINTER

12.01 >>> 02.28

コーデの印象を左右するアウター選びが重要

081 冬の黒はアニマル柄バッグをアクセントに。**082** デニムonデニムに、ジージャンのボアとハットで温かみのある白を加えて。**083** 使い勝手がよく、冬コーデを明るくするライトグレーのコート。

084 シャツワンピは×レースアップ靴でグッドガール風。**085** 明るい色のインナーを合わせて立体的に。**086** ボルドー小物で大人っぽさを足して。**087** スウェット×スキニーはバッグで格上げ。**088** 淡色のストールで顔まわりを明るく。**089** 撮影日は軽くて暖かいマウンテンパーカが重宝します。**090** スカジャンは厚手のニットと重ねて冬も着用。**091** マニッシュなヘリンボーン柄がお気に入り。**092** 重くなりがちな冬コーデをブルーで軽快に。

094
blouson_STUSSY
pants_J BRAND
bag_Jewel Changes
shoes_NIKE

095
coat_TOMORROWLAND
knit_ZARA
denim_JOE'S JEANS
bag_CÉLINE
shoes_SAUCONY

093
coat_Luftrobe
knit_UNDER BAR RAW.
pants_DIESEL
cap_MOUSSY
stole_Acne Studios
shoes_Clarks

098

097

097 絶妙な大きさ&形のサンローランのモノグラム。**098** パーカとアウターをレイヤード。

099
knit_ BEAMS
pants_rag & bone
bag_LOUIS VUITTON
shoes_BABYLONE
stole_韓国で購入

093 ゆるトップス×スキニーボトムが冬の基本スタイル。**094** ハジけたジャケットも黒と一緒なら簡単。**095** 黒コーデの上品なアクセントになるセリーヌのラゲージは高い頻度で愛用中。**096** 顔まわりにボリュームを持ってくることで、見た目にもあったか。**099** リースの日もヒールで。ニットとストールを同系色で揃えると大人っぽい。

096
coat_Rouge vif la clé
sweatshirt_TOKYO
STYLIST THE ONE EDITION
denim_ Abercrombie & Fitch
bag_Ralph Lauren
shoes_Rachel Zoe

WINTER

100 閉じてもキマるムートン調コートにさらりとデニムを合わせて。**102** ツイードコートで一気にレディな雰囲気に。**103** オールブラックは、質感や色のニュアンスが違う黒を組み合わせて。**104** ショールカラー風のコートが女っぽい印象。**105** ロングコートからの肌見せで、黒コーデに軽快さを出して。

100
coat_MOUSSY
denim_Gap
bag_Ralph Lauren

102
coat_GREED
dress_SHIPS

101
Sneakers

101 スニーカーの中でも溺愛のナイキの黒。

105
coat_OPENING CEREMONY
dress_LAGUNAMOON
bag_Casselini
shoes_ GALLARDAGALANTE

103
coat_OPENING CEREMONY
knit_UNIQLO
denim_Acne Studios
bag_Saint Laurent
shoes_SAUCONY

104
coat_Luftrobe
knit_allureville
pants_EDITION
bag_LONGCHAMP
shoes_ Clarks

SAORI OYAMADA

Chapter 4

洋服以外にもある、おしゃれの秘訣

さまざまなメディアで自分のファッションを公開することはあっても、
プライベートな面を見せることはほとんどありませんでした。
今回、本を出版することになり、応援してくださる皆さんに
Ｉｎｓｔａｇｒａｍを通じて質問を募集したところ、ありがたいことに
スタイリストになった経緯やメイク、髪型、インテリアなど、
ファッション以外の質問も多く寄せられました。
公開するのはちょっと気恥ずかしくて迷いましたが、
どれも今の私のスタイルを作るうえで
切っても切れない部分であることは事実。
もし皆さんが自分らしいスタイルを作っていくうえでの
参考になるのなら……。
そんな思いで、今回ご紹介させていただくことになりました。

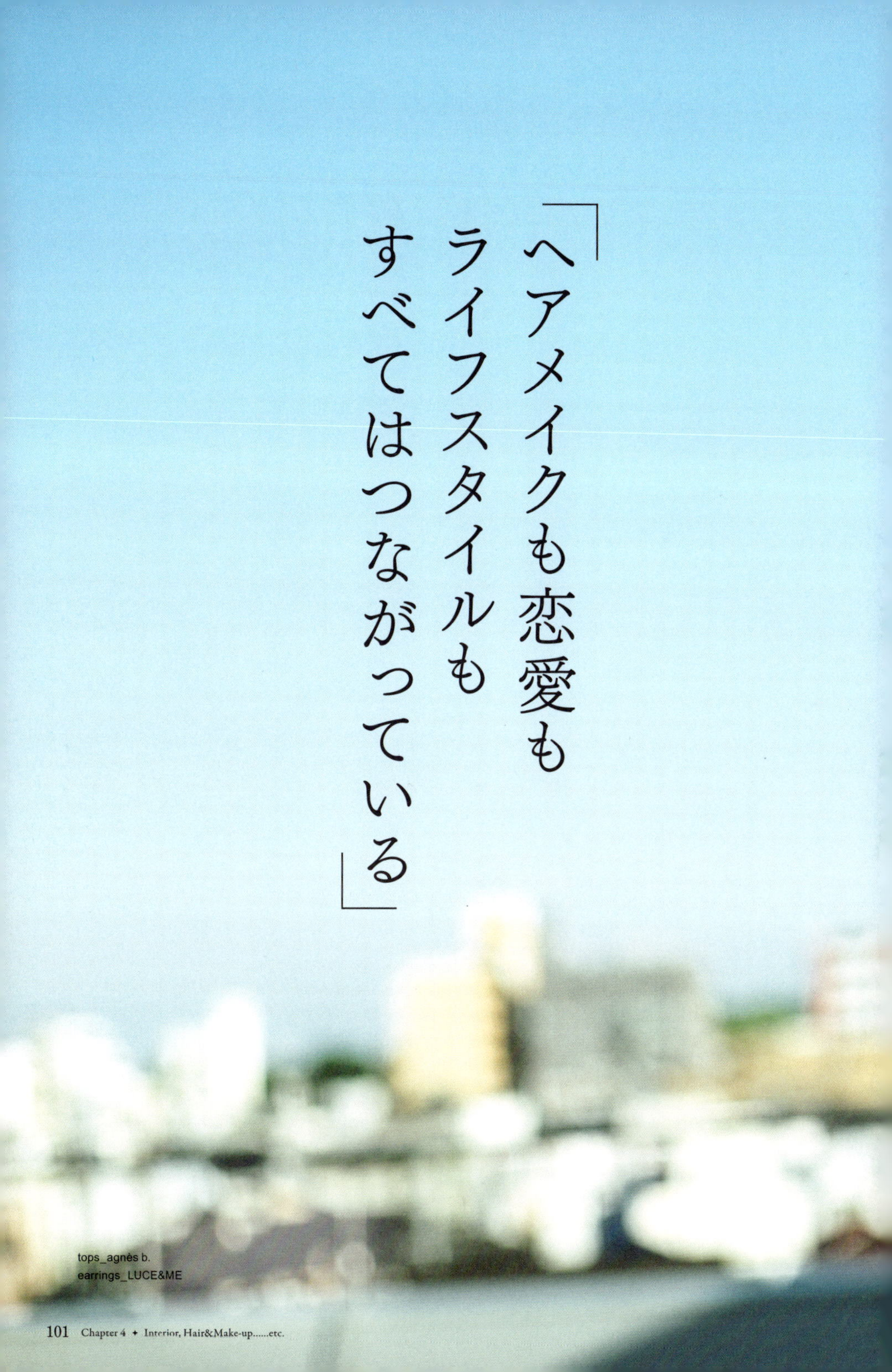

「ヘアメイクも恋愛も
ライフスタイルも
すべてはつながっている」

tops_agnès b.
earrings_LUCE&ME

大好きなモノトーンで統一したインテリア

20代のひとり暮らしには、IKEA、ニトリ、無印良品で充分

スタイリストは、毎日膨大な量の服を相手にするお仕事。色鮮やかな服に囲まれて大半の時間を過ごしています。なので、一日の終わりに頭の中をリセットできるよう、自宅は〝色〟を使わずモノトーン。家具はほぼIKEAかニトリか無印良品。いずれ結婚するかもしれないし、今の家が一生の住み処になるとは思っていません。一時を過ごす家のインテリアだから、手頃な価格でデザイン性のよい、身の丈に合ったブランドのもので充分楽しんでいます。

LIVING

❶ダイニングテーブルはニトリ。飾られた花は「実家の庭で母が育てたバラ」。❷天板がガラスになったテーブル。尊敬する女性、ココ・シャネルのスタイルブックをディスプレイ。❸観葉植物が唯一の〝色〟。❹テーブルが置かれたベランダ。「天気がいい朝は、コーヒーを飲みつつ、一日の予定を考えたり、夜にビールを飲んだりしています」

BATHROOM

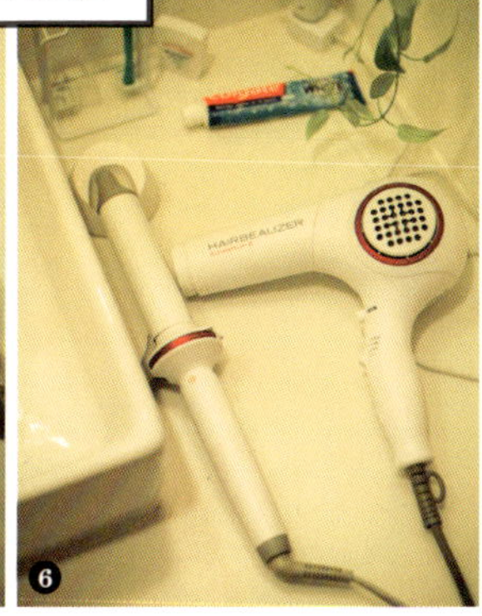

❺洗面所には「歯磨きの時間を計るため」の砂時計が。❻小山田ヘアを作るヘアビューロンのドライヤーとコテ。❼愛用中のスキンケアはイソップなど。「スキンケア製品のボトルもモノトーンなのは偶然です（笑）」

KITCHEN

❽ストウブの鍋はグレーをチョイス。❾冷蔵庫には作り置きやさまざまな調味料が。「忙しい中でも食事は手を抜きたくないので、時間があるときにまとめて調理します」

BEDROOM

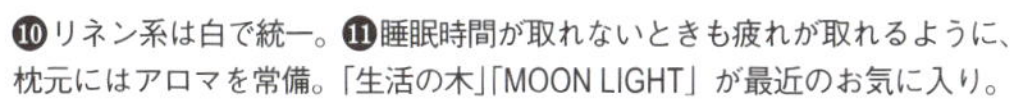

❿リネン系は白で統一。⓫睡眠時間が取れないときも疲れが取れるように、枕元にはアロマを常備。「生活の木」「MOON LIGHT」が最近のお気に入り。⓬「寝るときは必ずパジャマ。着心地重視で選んでいます」⓭フランフランのベッドは姉のおさがり。「ヘッドボードは、母が真っ白なカバーを作ってくれました」ベッドの上は愛犬のコタローのお気に入りの場所です。

アイテムを丈別・色別に
見やすく収納するからできる

稼働率100%のクローゼット

私服は、このクローゼットに入る分だけ。新しく買うなら、何か減らします。スタイリストなのに少ないな、と思われた方もいるかもしれません。前半にもお話しした通り、私は清潔できれいな服を着ていることがおしゃれの第一条件と考えているので、着古したものを長く取っておくことはありません。それに常にトレンドを意識したファッションをしたいので、着ないと判断した服は潔く処分。新陳代謝のいいクローゼットを作るようにしています。

[収納アイデア **1**]

色別に見て分かりやすく収納

たとえば、ひと口にカーキといっても色のトーンの幅はかなり広いので、コーディネートを考えるときに、一ヵ所にまとまっていると、最善のものを見つけやすいんです。

[収納アイデア **2**]

スカーフやストールはかけて収納

IKEAのネクタイ用のハンガーをスカーフやストールの収納に使っています。たたんでおくとシワがついて、いざ使いたいときにすぐに使えないので、ふわっとかけて収納。

[収納アイデア **3**]

Tシャツはたたんで色別に収納

Tシャツはコンパクトにたたんで収納ケースへ。積み重ねてしまうと、奥のものが見えず、上にあるものばかり着てしまうので、見渡せるように縦に差し込むようにしまいます。

[収納アイデア **4**]

靴は片方を逆さに重ねて省スペース

両足並べず、片方をしまった上に、もう片方を逆にして重ねてしまっています。備え付けのシューズボックスという限られたスペースに、無駄なく収納するために考えました。

1年使わなかったら売る！ それが回るクローゼットの秘訣

着ない洋服にスペースを取られるのはもったいないと思いませんか？　私は、1年着なかった洋服は、今の気分に合わないものとして、まとめてトレジャーファクトリーに持ち込んだり、宅配買取をしてもらってます。

トレジャーファクトリー

全国で100店舗以上展開。洋服・家電など幅広い商品を扱う、大型リサイクルショップ。店舗での「持込買取」や、箱に商品を詰めて送る「宅配買取」などがあって便利。https://www.treasure-f.com/

小物の収納アイデアまとめ

[小物の収納アイデア **1**]

バッグは色別にボックスに立てる

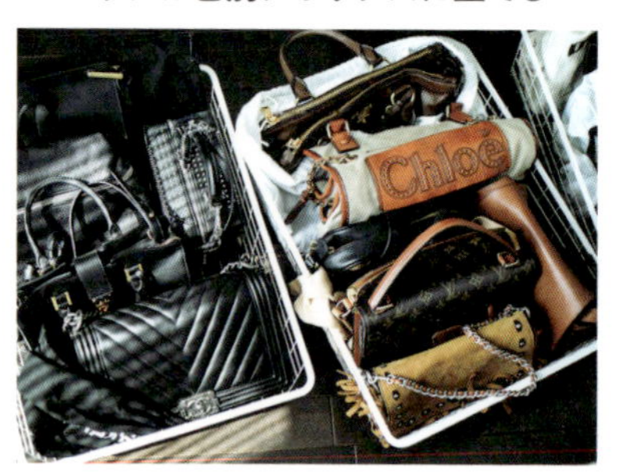

よく使うバッグは、取り出しやすいラックへ(P104参照)。それ以外のものは、色別にボックスにまとめています。

[小物の収納アイデア **2**]

アクセや時計は見渡しやすい浅いケースに

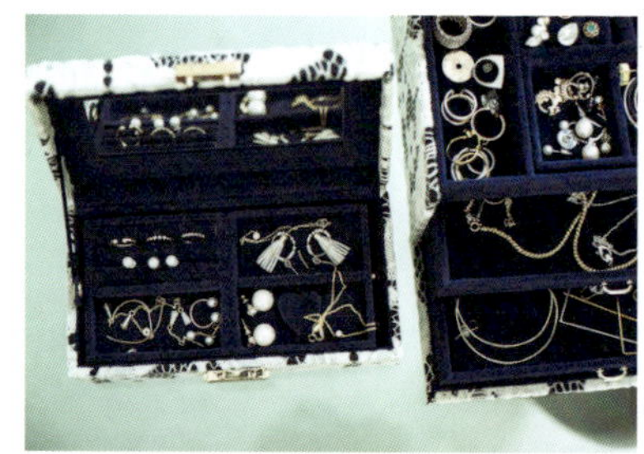

時計やアクセサリーも高級なものはなく、手頃なものが大半。ひとつひとつ丁寧にしまう、というよりは、コーデしやすいようにパッと見える収納を心がけています。

[小物の収納アイデア **3**]

キャップはいくつか重ねて収納ケースへ

キャップは吊るすタイプのケースに収納。縦のスペースが確保されるので、型崩れさせずにしまえます。下の引き出しにベルトをまとめてしまえば、見た目もスッキリ。

[小物の収納アイデア **4**]

靴下はベッド横の蓋つきのボックスへ

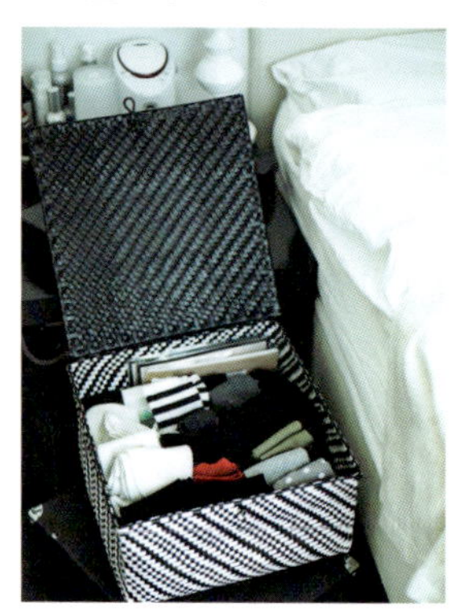

靴下は腰掛けながらはくのでベッド横に配置しています。細かいものは、蓋のついたボックスにまとめて収納すれば、部屋もごちゃごちゃしないのでオススメです。

スタイリストの洋服ケア

丁寧にお手入れする人は、美しいと思う

シワだらけ、ファンデ汚れがついてる、毛玉ができてる、放置されたほつれ……。そんな服を着ている人は、たとえ服自体が素敵なものだったとしても、おしゃれとは言えません。それぞれのアイテムの特性を理解して、丁寧にお手入れできている人を見ると、おしゃれだな、美しい人だなと思います。

Item_03

エマール

おしゃれ着用洗剤の「エマール」を使うと、繊維切れを防いでニットはふっくらした肌触りに、シャツはパリッと仕上がります。それだけでなく、キャミソール、タイツ、下着を洗うときにもおすすめです。私は気分や季節によって、リフレッシュグリーンとアロマティックブーケのふたつの香りを使い分けてます。

Item_02

キーピング

アイロン用ののり剤はパリッと気持ちのいいシャツを着るために欠かせません。愛用しているのはロングセラーの「キーピング」。長い歴史があるだけに、スムーズにシワが取れ、衿・袖がきれいに仕上がるんです。

Item_01

スチームアイロン

ハンガーにかけたままで使えるパナソニックのスチームアイロン。シワだけでなく、ちょっとしたニオイなら一緒に取ってくれるのも嬉しいポイントです。シックなダークカラーなので、インテリアの邪魔をしません。

絶対に欠かせないバッグの中身

選び抜かれたバッグの中身をお見せします

必要なものは全部持って出かけたいタイプです。こだわりを持って選んでいるので、他のものではなかなか替えが利かないですし、店を探して買う時間がもったいないと思ってしまうので。納まりきらないモノは薄手のトートバッグに入れてます。

毎日バッグの中身

| IN THE DAILY BAG |

ベストコンディションを作るケアグッズが多め

1ジバンシィの財布。2バレンシアガのポーチ。3ニュートロジーナのハンドクリーム。4TOKYO STYLIST THE ONE EDITIONのiPhoneケースにICカードをIN。5セリーヌのキーケース。6マークスの手帳は4年間リピート中。7レイバンのサングラス。8喉が弱いので、コンビタのプロポリスオーラルスプレーを常備。マヌカハニー入り。9ukaのネイルオイル7：15。10片頭痛のときに使うアロマオイル〝マイグラスティック〟。ハワイで購入。11J.CREWのヘアクリップ。12クリニークのファンデ。

旅トランクの中身

| IN THE TRUNK FOR TRAVEL |

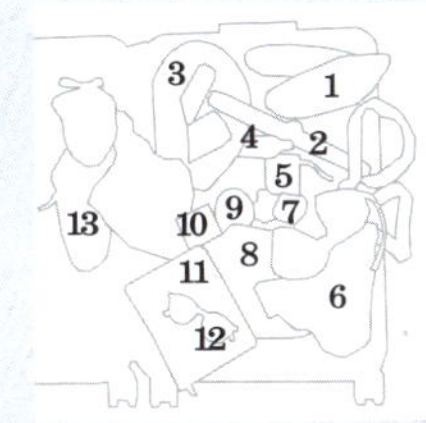

日常と同じ環境を作るグッズが不可欠です

1レペットのバレエシューズ。**2**ヘアビューロンのコテ。**3**フランフランのポーチに、コルゲートの歯磨き粉とアグリーのシャンプーセットをIN。**4**アヴェダのバランシングミスト。**5**カルヴェンの折り畳み傘。**6**ヴィクトリアズ・シークレットの水着。プールのあるホテルに宿泊して泳ぎます。**7**N.のヘアワックス。**8**ダズリンのイニシャルトート。**9**ハワイで購入したキャンドル。**10**ロンドンで購入した痛み止め。**11**マークスに旅の日記を綴ります。**12**レイバンのサングラス。**13**ナイキのランニングシューズ。

Myロングセラーコスメとセルフメイク

普段のヘア＆メイクは合計20分もあれば完成します

ノーメイクで外に出ることはありません。とはいっても、メイクは時短。さっとファンデを塗って、アイメイクとリップ。日々の丁寧なスキンケアとヘルシーな食生活を心がけているので、ベースメイクに時間をかけずに済んでいます。

EYEMAKE

きりりとした印象になる
シャープな目元を意識

❶LUNASOL ❷Milk MAKEUP ❸MAYBELLINE NEW YORK ❹K-Palette ❺RMK

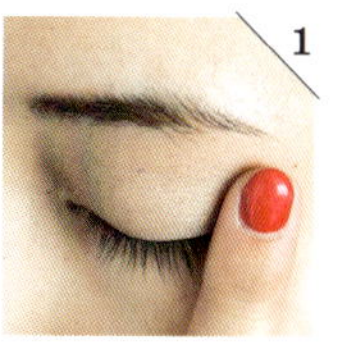

1
指の腹で❷の左上の明るいアイシャドウをまぶた全体にON。

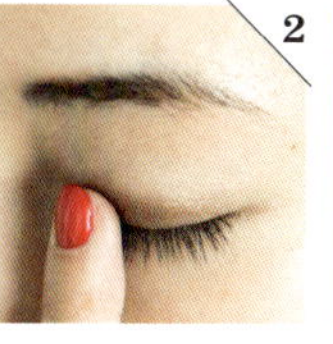

2
目のラインに沿ってまぶたに❶の右上のブラウンシャドウをのせる。

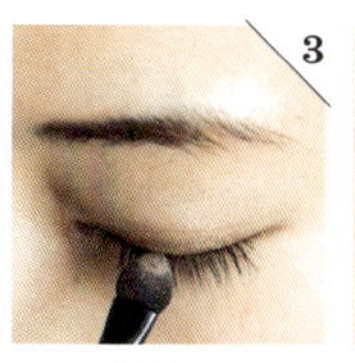

3
チップを使って目の際に❶の右下の色を細くのせる。

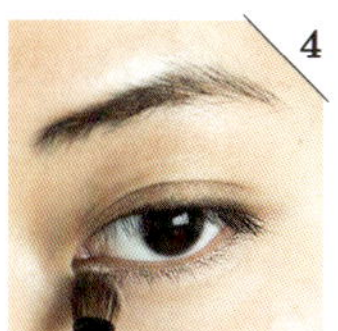

4
ブラシを使って涙袋に❶の左下の色をのせて目元を明るく。

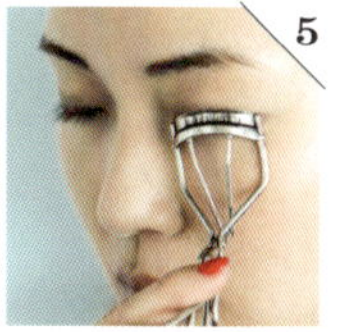

5
❺のビューラーでまつげを挟み、下に引っ張りカールさせる。

6
❸のマスカラをまつげの根元から2〜3回繰り返しつける。

7
目頭から中央までインラインを引く。目尻は引かないのがポイント。

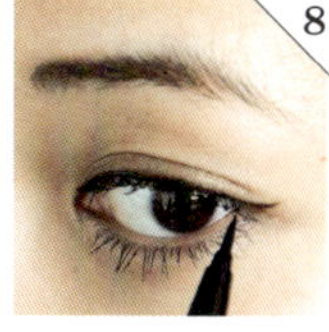

8
目頭から目尻にアウトラインを引く。目尻は斜め上に引く。

AFTER

BEFORE

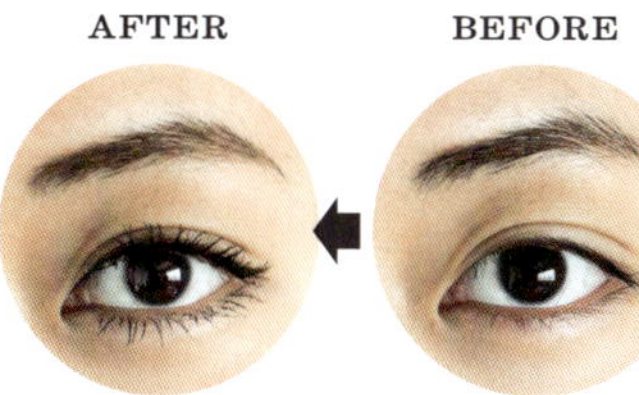

EYEBROW

髪色に合わせた明るいブラウンの眉に

❶ M•A•C
❷ SWEETS SWEETS

1足りない部分を❷のペンシルで描き足す。
2❷のブラシで毛流れを整える。
3逆毛を立てるように❶の眉マスカラを塗る。

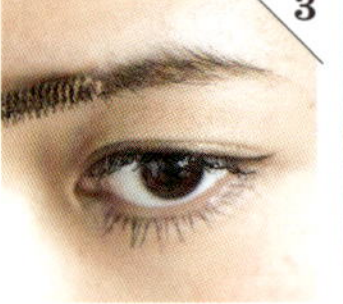

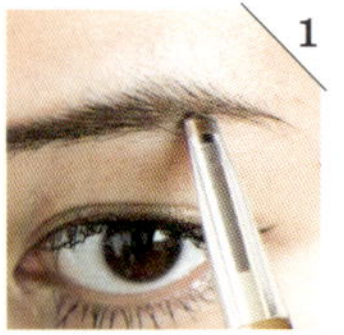

茶系の服の時には赤みブラウンの眉マスカラに！

❶RMK
❷RMK

tops_snidel

茶系の服には、赤み系の眉にすると好相性。❷のペンシルで眉を描き足し、❶の眉マスカラをしっかり塗ります。

LIP

チークをしない派なので、リップの色みが大切！

❷

❶

❶yuskin
❷CLINIQUE

tops_AMIW
pierce_LUCE & ME

1❶のリップクリームを塗って、潤いを与える。2クレヨンタイプの❷のリップを下唇だけ塗る。3唇をこすり合わせ、リップを上唇にラフにのばせば完成。

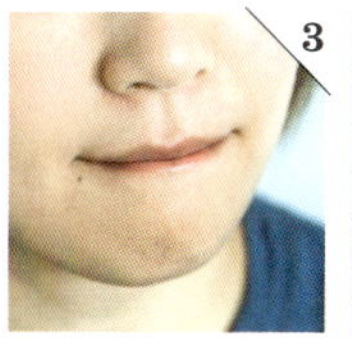
3

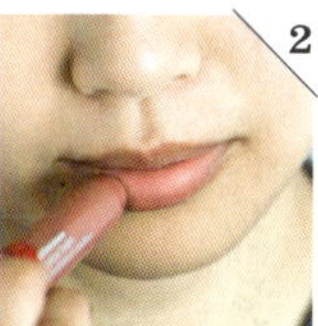
2

1

カジュアル服の時には赤リップで女っぽく

❶CLINIQUE
❷Lucas' Papaw Remedies
❸Milk MAKEUP

❶ ❷ ❸

knit_agnès b.

1❷のリップクリームで唇を保湿。2❸のクレヨンタイプのマットな赤リップをラフに塗ります。3❶のグロスを薄く塗って艶をプラス。

トレードマークのショートカット

意外とアレンジが利くので、やめられません

学生時代、アシスタント時代はずっとロングヘアでした。独立したのを機にショートに。自分が好きなスタイリングにはショートが似合うと思ったから。分け目を変えたり、毛先に動きをつけたり。実際にショートにしてみて、意外にアレンジが利くことを知りました。

tops_TOKYO STYLIST THE ONE EDITION
earrings_phoebe
watch_NIXON

基本のヘアプロセス
PROCESS

ちょっとした
毛先の動きがポイント

1
❶のローションを手に取り髪全体にのばす。直接スプレーしない。

2
❷のコテを使ってサイドの毛先から軽く内巻きにしていく。

3
後頭部の毛も忘れずに巻き、ふんわり仕上げるのがポイント。

❶Liese
❷AFLOAT（26㎜）
❸AMERICAN CREW
❹john masters organics

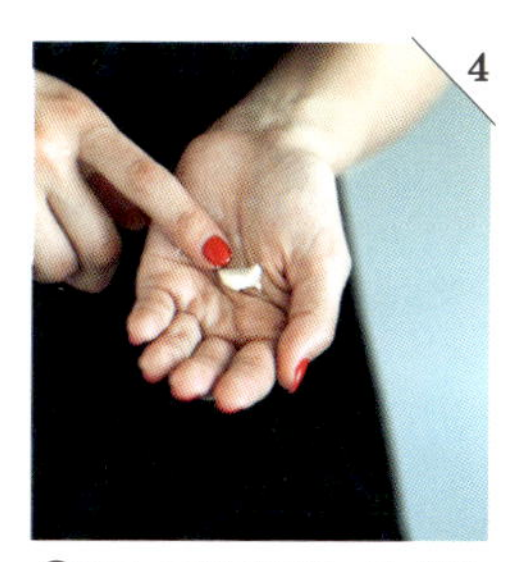

4
❸のワックスを手に取って、指の間までしっかりのばす。

5
ワックスを根元から毛先までもみこむようにしっかりつける。

6
❹のミストを手に取る。直接髪にスプレーはしません。

7
6を手ぐしでもみこめば、ふわっと空気感のある仕上がりに。

コテ3種使い分けアレンジ
ARRANGE

knit_TOPSHOP

休日のゆるくしゅヘア

細いロッドのコテを使用！

1 少量ずつ毛を取って、細いロッドのコテでカールをつける。

2 ランダムに内巻きと外巻きをミックスして動きを出して。

3 ❷のスタイリングゲルを手のひらに取り、根元から髪全体にのばす。

4 ❸のワックスを手に取り、毛先になじませ、カールをキープする。

❶ASPIRATION（18㎜）
❷john masters organics
❸john masters organics

❶N.
❷N.
❸mod's hair

1 手に❷のヘアミストを取り、髪全体になじませていく。

2 ヘアアイロンで、根元からうねりなどが気になる部分を伸ばす。

3 顔まわりの毛先は入念に伸ばして❶のバームでしっとりまとめる。

[モードなストレートヘア]

⬇

コンパクトなヘアアイロンを使用！

1 クシの先端を使って、きれいにセンター分けにする。

❶HAIRBEAURON（36㎜）
❷Cape
❸uevo design cube

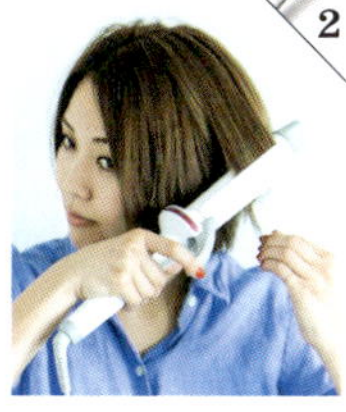

2 太いロッドのコテで毛先に緩やかな内巻きのカーブをつける。

3 ❸のワックスを毛先になじませ、❷のスプレーで形をキープして。

[仕事モードのセンター分け]

⬇

太いロッドのコテを使用！

日本一忙しい!?
小山田早織の24時間

どんなに忙しくても頭と身体をリセットする時間を大切にしています

仕事は絶対に手を抜きたくないので、ギリギリまでリースのアポイントを入れますし、打ち合わせも重ねます。その結果分刻みなスケジュールに。忙しい毎日を全力で乗り切るために、ふたつのルールを設けています。ひとつは、彼や友人と過ごすプライベートな時間は削らないこと。そして、家に帰って心と体をリセットする時間を作ること。仕事を忘れ頭の中をクリアにする時間は、慌ただしくても、最良のパフォーマンスをするために大切にしています。

平日 WORKDAY

05:00
起床

06:00
朝イチでコーデを組む

徹夜よりも一度寝て頭がすっきりした早朝にいいものが生まれます。

09:00
TV番組『ヒルナンデス!』のロケSTART!

自分の言葉でファッションの面白さを伝えられるのはTVならでは。

12:00
共演者の方と昼食タイム

いつも楽しい現場で、皆さんと和やかに話せる昼食時間が好きです。

Good Morning!

12 11 10 9 8 7 6 5

休日 HOLIDAY

08:00
起床
↓
掃除・洗濯

09:30
カフェでスケジュール整理

お休みの日は、お気に入りのカフェで翌週のスケジュールを整理。

10:30
コタローとドライブへ

車の運転が好きです。愛犬のコタローを連れてちょっと遠出。

11:30
IKEAでショッピング

雑貨や観葉植物を物色。インテリアはIKEA率が高いです。

小山田流
スケジュール管理の極意

(1) 予定は話が来た順番で決めて、すぐ書き込む
(2) 朝イチで当日のTO DO LISTを付箋に書き、貼る
(3) 締め切りや補足事項は付箋に書き、終わり次第ひとつずつ外していく

Good Night......

25 24 23 22 21 20 19 18 17 16 15 14 13

16:00
電車で急ぎ編集部へ移動

電車での移動時間は情報収集や、インスタの更新に充てます。

17:00
雑誌『with』のコーディネートチェック

編集長とデスクにプレゼン。いちばん緊張する時間です。

19:00
CM衣装の打ち合わせ

CM撮影の衣装イメージを打ち合わせるため広告代理店へ。

20:30
ファッション業界の同世代の友人と女子会

全員'87年生まれの同い年。話していることの90%は恋バナです(笑)。

この日は肉会！

24:30
ヒーリングミュージックを聴きながら就寝

その日の気分にあった音楽を聴き、アロマに癒やされつつ眠りに。

16:00
代官山蔦屋書店をブラリ

新しい雑誌や本を毎週チェックして、刺激を受けています。

17:30
スーパーへ買い出しに

ホムパの買い出しへ。コーデを組むように、メニューも考えます。

19:30
友人とホームパーティー

友人を招いて一緒に飲みながら料理するのも、ホムパの楽しみ♡

23:00
癒やしのお風呂タイム

休日は、リファでマッサージしつつお風呂で自分メンテナンス。

24:00
映画のDVDを見ながらウトウト

眠さの限界まで映画を鑑賞。映画からインスパイアされることも。

コタローに癒やされつつ

スタイリストの原点

普通の大学生が
日本一忙しいスタイリストになるまで

“憧れの人は母。早く大人になって自立した女性になりたかった”

私は7歳上の姉と３歳上の兄がいる、３人兄弟の末っ子です。２歳の頃には「さおちゃん、じぶん！」と、着る服を自分で選んでいたのをよく覚えています。その後に母がコーディネートチェックをしてくれていたんですが、かなり厳しくて（笑）。チェックが終わると、コーデに合わせて母が髪飾りや靴下を選んでくれていました。母は仕事をしながら家事も丁寧にこなす人で、ピザを作るなら、生地やトマトソースも自分で作っていました。ハードに働きながら子供を３人も育て、しかも介護までしていたのだから、本当に忙しく、苦労も多かったと思うんです。でも、人前ではそんな素振りはまったく見せなくて、いつも明るく、みんなに頼りにされていました。母の影響もあって自立した女性に憧れ、小さな頃から早く大人になりたいと思っていました。

↑母の美的感覚に
影響を受けました。

“私服の高校でファッションに目覚めていった”

ファッションに対して、本格的に目覚めたのは高校時代。本当に自由な校風で、制服もなく、ヘアカラーもネイルもバイトもできました。先輩もおしゃれな人が多くて毎日が刺激的。当時は『Popteen』や『PS』が流行っていたので、お姉系の日もあれば、裏原系の日も。姉の影響で背伸びして読んでいた『JJ』を真似て、“可愛いゴージャス”を研究してみたり、ギャルっぽく制服を着てみたり……。気づけばいろんなファッションに挑戦して楽しんでいました。生徒は似たようなファッションの子で固まることもなく、みんなが個々の個性を尊重しあうような雰囲気。ジャンルを超えてファッションに興味が持てるようになったのは、高校時代の経験が大きかったと思っています。

“ビジネス精神を学んだ球場とコンビニでのアルバイト”

高校生になって一番嬉しかったのは、自立の第一歩として念願のアルバイトができるようになったこと。高校３年間、西武ドームでコカ・コーラ売りとファミリーマートでアルバイトをしていました。どちらのアルバイトでもどうやったら商品が売れるのかをものすごく研究していました。それこそビジネス書を読んだりして(笑)。球場の場合は外野席、指定席の客層を分析したり、売りに行くタイミングを見計らったり。欲しいと思ってくれるタイミングじゃないと、売れないんですよね。ファミリーマートでは店頭POPを作ったり、発注を担当したり。真剣に働いていたら、ファミチキの売り上げで全国2位を取ることができ、正社員にならないかと誘っていただいたこともありました。求められているところに、求められている以上のものを提供しようと努力する性格は、今の仕事にも生きている気がします。当時は、ダンス部に所属しながら友達とバンドを組んでライブをしたり、服飾部でモデルをやったり……。そんな中でも勉強は毎日コツコツ続けていました。というのも、高校受験のときには自分の学力より上の学校に入りたくてかなり無理をしたから。それこそ、心配した母に参考書を隠されたことがあったほど（笑）。だから大学受験は苦労しないように、高校3年間、地道に勉強しました。この頃から、1分も時間を無駄にしたくないと思い、勉強・部活・アルバイト・デートと、つねに細かくスケジュールを考えて行動するようにしていました。

“研究を繰り返し、ついに『ViVi』のメイン読モに”

地道に勉強したことで、志望の大学へ推薦で入学。入学式の日、この道に進むきっかけとなる出会いがありました。校門の前で『ViVi』の読者モデルにスカウトされたんです。でも、読者モデルを始めた当初は、たまに撮影に呼ばれる程度で、掲載されたとしても小さくて。負けず嫌いな性格から、どうしたら大きく掲載されるのかを研究するようになりました(笑)。その甲斐あってか、頻繁に撮影に呼ばれるようになり、掲載も次第に大きくなっていきました。当時は教員志望だったので、社会科の教職を取るために勉強をしながら、ダンスサークルに所属し、アルバイトもコンビニ、飲食店、テレフォンオペレーターと、3つを掛け持ち。加えて、読者モデルもしていて、高校時代以上に忙しい毎日でした。

右／「ViVi」2008年7月号
中／「ViVi」2008年8月号
左／「ViVi」2008年4月号

“デニムデザイナーを経験してスタイリストを志した”

そんな中、『ViVi』で読者モデルをしていたことがきっかけで、岡山県の児島にあるデニムの製造会社から、新規デニムブランドのデザイナーのオファーをいただきました。好奇心の塊だった私は母の反対を押し切り、大学に通いながら、週に2～3回日帰りで岡山へ行き、打ち合わせやサンプルチェックをしていました。自分なりに一生懸命やっていましたが、わからないことも多く、当初は職人さんや加工場のみなさんからの風当たりは厳しかったです。それでも自らトラックを運転して生地を集めたり、カタログ撮影をするうちに、少しずつ打ち解けさまざまなことを教えていただきました。デザイナーとして働く中で、自分はゼロから何かを生み出すよりも、既存のモノをよりよく見せる工夫をするほうが向いていると感じていました。そして自然と“スタイリスト”になりたいと思うようになっていたんです。その思いが強くなり、デザイナーは辞めさせていただくことにしました。母にスタイリストになりたいと告げると「今しかできないことを全力で頑張りなさい。向いていると思うよ」と背中を押してくれました。子供の頃からテストで99点をとっても「どうしてあと1点とれなかったの？」と質問をするような厳しい母だったので、その母が賛成してくれたことは自信になったのを覚えています。

“独立後は実力で認めてもらいたくて、コーデランキング1位が目標に”

デニムデザイナー時代に取材をしていただいたことが縁になり、雑誌『CanCam』でスタイリストアシスタントとして働くことになりました。当時の私は『CanCam』とはまったくファッションのテイストが違っていたので、まずは“コンサバ”という言葉の意味を辞書で調べるところからスタート。学生時代の奨学金の返還もあったので、早く一人前になりたいと死に物狂いで仕事を覚え、約1年半のアシスタント期間を経て独立しました。ありがたいことに、最初から「1ヵ月コーディネート」など、大きなテーマを任せてもらえ、期待に応えようととにかく必死で頑張りました。そんな中、読者モデルをしていたことを周囲に中傷され、仕事とは関係ないところで足を引っ張られた時期もあって。この悔しさを晴らすためには、頑張ってスタイリングで実力を認めてもらうしかないと思い、読者アンケートの好きなコーディネートランキングで1位を取ることだけを考えて仕事に邁進。今思えば、当時の私は生き急いでいて、独立が早かったせいでまだまだ実力不足だった部分もあったと思います。それなのに自分の感覚やセンスに対しては、なぜか妙に自信を持っていて。だからこそ、周囲には余計に生意気に映って、反感を買っていたんだと思います。頭ではわかっていましたが、当時の私には、その妙な自信しか自分を支えるものはありませんでした。

“明日着られるリアルな服で、女性を幸せにしたい”

仕事がようやく軌道にのってきた頃、私は不満を抱えていました。着実にキャリアを積んで、いろいろなお仕事をさせてもらっていたのに、現状に満足できていなかったんです。そんなとき『ViVi』を見たら、同い年のスタイリストの知念ちゃん（知念美加子さん）の活躍を目にして、正直なところ羨ましく感じました。『ViVi』は元々好きなテイストで、本当は私もそこにいられたかもしれないのにって。そして、自分はやりたいスタイリングをできてないのではないか、と疑問を抱くようになっていました。自分にもスタイリングにも自信を失い、そのくせ周りにはそう見せないように必死で、他人の評価ばかりに気をとられて、大切なことを完全に見失っていたんです。

私の知ってる小山田早織 ❶

同世代スタイリスト仲間 **知念美加子**さん

“彼女の的確な言葉は心に響きます”

知り合う以前から共通の知人たちに「絶対に気が合う」と言われていました。実際に会ったら本当にそうで（笑）。アシスタントの育て方の相談など、同じ職業だからこその仕事の悩みを共有できるし、さおちゃんの的確なアドバイスはとても心に響きます。たいていのときは頼りになるさおちゃんですが、恋愛に関していえば、けっこう乙女で、よく相談をしてくれるのが嬉しい（笑）！

私の知ってる小山田早織 ❷

LIFE's#203ディレクター **吉田怜香**さん

“完璧すぎて、スキがないのが欠点(笑)”

一緒の目線で仕事の話ができる、貴重な同い年です。“87年会”というアパレル系の仲間の中では、さおちゃんはツッコミ担当の、お姉さんキャラ。私にはない女っぽさ、美人なのにツンケンしていない物腰の柔らかさ、空気を読んで気遣えるところなど、もう完璧でモテる！　って思うんです。それ故にスキがないのが唯一の欠点かも。次のデートでは、何もないところで転んでみてはどうでしょう(笑)？

そんなときに雑誌『with』からお仕事の依頼をいただきました。新しい環境に飛び込む勇気が持てずにいた私を、１年以上にわたって誘っていただいた熱意に心打たれ、一緒に仕事をすることに。当時は、自分が目指すべきはカジュアルなファッションやモード誌だと思い込んでいたので、本音を言えばコンサバ誌のジャンルに入る『with』も合わないかもしれない、という不安がありました。

しかし、仕事を続けるうちに、自分がスタイリストとして表現したいことや伝えたいことが『with』と合っていると感じるように。そう思えるようになったきっかけは、『with』の連載やTV番組の『ヒルナンデス！』を通じて、「通勤服でもおしゃれが楽しめるようになった」「主婦になってから忘れていたおしゃれを、もう一度頑張りたいって思えた」、そんなふうに言ってくださる方々と出会えたこと。今まで自分が固執していたファッションのジャンルは問題ではなく、大事なのは女性たちにとって役に立つリアルなスタイリングを提案することだと、はっきりと気がつくことができたんです。このことに気づくまでは、自分の見栄や欲望のために働いていたせいで、他人を羨ましく思ったり、仕事に対しても感謝の気持ちを本当の意味で持てずにいました。今は、「明日着られるリアルなファッションの提案で、女性を美しく幸せにしたい」と心から思えることが私の誇りです。

その思いは、2017年の春に、東京スタイルとタッグを組んでディレクターを務めることになった『TOKYO STYLIST THE ONE EDITION』というブランドでの服作りにも通じています。ありのままの自分でいながら、おしゃれになれる服。それが私のデザインする服のコンセプトです。何度も試作を繰り返して、女性が美しく見えるシルエットや肌触りのいい素材にこだわって作っています。

“結婚か仕事か……大きな転機となった20代後半”

20代後半はプライベートでも大きな転機を迎えていました。４年半お付き合いして婚約をしていた彼とお別れしたんです。彼がプロポーズをしてくれたときは遠距離恋愛を

私の知ってる小山田早織 ❹

東京スタイル社長 **久保田寛**さん

“スタイリストの域を超えた仕事のパートナー”

初めて会ったとき、ブランドのディレクターをお願いするならこの人だ！　と直感しました。仕事をともにするうちに、自分のセンスを主張することよりもお客様ファーストの物作りの姿勢に感動しました。意見が異なるときにも解決策を模索するクレバーさも、彼女ならではの美点。今では、スタイリストの域を超え、我が社にとって大事な仕事のパートナーです。

私の知ってる小山田早織 ❸

日本テレビ **笠原大輔**さん

“ポリシーは曲げないけれど、たおやかな人”

スタイリングだけでなく、それを伝えるのが上手な人。私が以前『ヒルナンデス！』のプロデューサーだったとき、素材感を見せようと服を揺らす、伝わりやすい間を考えて話すなど、テレビというメディア、そして番組の特性を理解する稀有なスタイリストだと思いました。自分の信念は曲げないけれど、現場でどんな状況にも柔軟に対応してくれる、たおやかな人です。

経ていたこともあり、本当に嬉しかったですし、感動しました。しかし、当時の私は多忙で疲れていたこともあり、まだ叶えていない仕事の目標があるのに、いろいろな理由をつけて、結婚に逃げようとしていたんです。そして何より、20代後半という年齢に焦りを感じて、相手にプレッシャーをかけていたんだと思います。いざ話が進み始めたら、まだまだ仕事をしたいという気持ちに気づき、結婚したら地元に帰りたいと考えている彼についていくことはできないと思ってしまいました。相手を嫌いになったわけではなかったので、話を切り出すときはかなり勇気がいりましたが、長年見守っていてくれた彼だったので、私の気持ちをよく理解してくれました。

“仕事をするうえでも、人生にも恋愛は不可欠”

楽しいことばかりではないですが、恋愛は積極的にしたほうがいいと思っています。好きな人と過ごして仕事モードをリセットする時間は、メリハリをつけるために必要ですし、相手のためにきれいになりたい、という女性の気持ちを理解することは、スタイリストにとって不可欠。恋をすると、今まで着ようと思ったことのないお洋服に挑戦してみたり、メイクを研究したり……。その恋がうまくいくかどうかは自分次第ですが、少なくとも女性がきれいになりたいと思うきっかけにはなるはずです。それに、もしも恋愛をしなかったら、自分はもっと傲慢になってしまっているかもしれません（笑）。相手の言葉に耳を傾けて、どうしてなんだろうと深く考えて理解しようとするのは、本当に好きな相手にしかできないことだと思います。特定の相手と真剣に向き合うので、忍耐力と人間力が磨かれるというか……過去に味わったことのない感覚や経験ができたり、新しいことに挑戦しようと思えたりと、恋愛が与えてくれる力は計り知れません。

“媚びないこと、自分の意志をしっかり持つことがモットー”

子供のときから群れることが苦手。知り合いは多いですが、友達と呼べる人は少ないかもしれません。プライベートな時間を過ごすのは本当に気の合う人だけと決めているのは、一緒に過ごす人で自分が形作られていくと感じているからです。また、仕事相手に

私の知ってる小山田早織 ❺

『with』の連載で出会った読者たち

“私を大人っぽく変えてくれた恩人”

with girls☆
時崎千紘さん

ミニのワンピースやパステルカラーが大好きでしたが、小山田さんと出会って、大人っぽいファッションの魅力を教えてもらいました。フェミニン派の私も始めやすいように優しい色使いや小物使いを提案してくれ、会ったばかりの私をすぐに理解して、オーダーメイドのようなスタイリングをしてくれました。今でもあの日の感動は忘れません。

“職人のような仕事ぶりに感激”

with girls☆
岡見香織さん

撮影でお会いした小山田さんは、まさに職人。プロのスタイリストってこういうことなのかと感銘を受けました。汚れるのをいとわずしゃがみこんで最後の最後まで服の着せ方を調整。服をキレイに見せるためのポージングも丁寧に教えてくれました。その姿勢に、小山田さんの仕事や服への愛情を感じて、ますますファンになりました。

は純粋に自分の仕事だけで評価してほしいと思っているので、仕事以外の場で会うこともあまりありません。少し傲慢に聞こえるかもしれませんが、必要以上に相手の顔色や意見を気にしていては、本来自分がしたいこと、見失ってはいけないことからブレてしまうと思っています。精度の高い仕事をするためにも、媚びないこと、自分の意志をしっかり持つことがモットーなんです。

“ただひとつわかるのは、一生コーディネートを組んでいたいってこと”

ありがたいことに、いろいろな雑誌やブランドからお仕事のお話をいただけるようになりました。今は女優さんやタレントさんのスタイリング、映画の衣装制作、CMなど、数多くの現場に携わらせていただいています。その出会いによってファッション業界や、芸能界の第一線で活躍する方たちは、惜しまず努力をしている、ということを感じてきました。そのことは自分の考えや持論にも大きく影響しています。

最近は、取材をしていただく際に必ず「これから先の目標は何ですか？」と聞かれます。正直なところ、これから先のことはまったくわかりません。スタイリストを志したときに目標にしたことはすべて叶えられましたし、今の仕事にとても満足しています。プライベートも同じで、まったく未知数。独身を貫いているかもしれませんし、結婚をして、子育てをしているかもしれません。ただひとつわかることは、一生コーディネートを組んでいたいってことだけです。

私の知ってる小山田早織 ⑧

女優・モデル

山本美月さん

“しっかり者のさおりんに助けられてます”

さおりん、スタイルブックの発売おめでとう！ 『CanCam』で出会って、いつの間にか仲良しになって、もう何年だろう？ 一緒にNYを旅したり、伊勢へ行ったり、仕事でもプライベートでもお世話になってます。しっかり者のさおりんにいつも助けられてます！ ありがとう！ さおりんの素敵なスタイリングがたくさんの方に愛されますように……本当におめでとう！ これからもよろしくね♪

私の知ってる小山田早織 ⑦

モデル

森 星さん

“寄り添ってくれた大切な大切な人”

小山田っちとは、私がまだほぼ初撮影のときに一緒に仕事をさせてもらったね。モデルとしての転換期に寄り添ってくれた、スタイリストというくくりに収まらない大切な大切な人です。「今悩んでいるこの原点をいつも思い出しながら、前に進んでいこう」と言ってくれた小山田っちの愛情を忘れません。感謝しています。これからの活躍を祈りながら……ふたりで頂点目指して頑張ろう！ 大好き！

私の知ってる小山田早織 ⑥

モデル・タレント

鈴木ちなみさん

“小山田さんのどこか上品なスタイリングが大好き”

たとえばクラッシュデニムのコーデも、女っぽさがある。そんな小山田さんの上品なスタイリングが大好き。小山田さん自身にも、同世代の働く女性として憧れてます。私服を改造してもらったのが約3年前。自宅で服を断シャリ後、新宿へ一緒に買い物に。コーデの基本のきから教えてくれました。今もファッションの質問をするんですが、明解な理論で厳しく指導してくれる(笑)、頼もしい先生です。

SHOP LIST

UNIQLO ☎0120-090296

ZARA JAPAN カスタマーサービス ☎03-6415-8061

GU ☎0120-856452

無印良品 池袋西武 ☎03-3989-1171

Gap フラッグシップ原宿 ☎03-5786-9200

H&M カスタマーサービス ☎0120-866201

TOKYO STYLIST THE ONE EDITION ☎03-6836-1825
（東京スタイルお客様相談室）

※本書に掲載されている情報は、2017年9月時点のものです。
※私物を掲載しておりますため、店頭にない商品がございます。
※ショップリストに記載のないブランドに対するお問い合わせは
ご遠慮いただきますよう、お願い申し上げます。

PROFILE

小山田早織（おやまだ さおり）

『with』を中心に様々な女性ファッション誌や、日本テレビ『ヒルナンデス！』で支持され、シンプルでリアルなスタイリングの提案で日本中の悩める女性を救ってきた。ショーや広告でも活躍し、女優やモデルからの指名も多い、新世代スタイリスト。2016年にはMOUSSYオフィシャルアドバイザーを務め、2017年には花王「エマール」のCMに出演し、話題となる。同年、(株)東京スタイルとタッグを組み自身がディレクターを務めるブランド「TOKYO STYLIST THE ONE EDITION」(https://store.tokyostyle.co.jp/tokyostylist-theone-edition)を立ち上げ、さらなる人気を博している。Instagramのフォロワーは5.8万人。

Instagram ID　@saorioyamada
Blog　https://ameblo.jp/saori-oyamada/

STAFF

Photographer：須藤敬一［人物］
（カバー、Chapter1、Chapter2、Chapter4）

魚地武大［静物］

野口マサヒロ（BIEI）
（Chapter3）
※Chapter3は著者などが撮影した写真も併せて掲載

Editor：幸山梨奈

Designer：宗野 梢（La Chica）

Location service：梶原久和（BELL WOOD）

Stylist assistant：松井朋香

身の丈に合った服で美人になる

2017年9月6日　第1刷発行

著者　小山田早織

発行者　鈴木 哲
発行所　株式会社 講談社
〒112-8001
東京都文京区音羽2-12-21
電話　編集　03-5395-3447
販売　03-5395-3606
業務　03-5395-3615
印刷所・製本所　大日本印刷株式会社

定価はカバーに表示してあります。
落丁本・乱丁本は、購入書店名を明記のうえ、小社業務宛てにお送りください。
送料小社負担にてお取り替えいたします。

なお、この本についてのお問い合わせは、with編集部宛てにお願いいたします。

ISBN 978-4-06-220787-4